中國 吉林 後期 洪績世 哺乳 動物群

中國 吉林 後期 洪績世 哺乳 動物群

姜　鵬 著
崔茂藏 譯

중국 길림(吉林)후기 홍적세 포유동물군

중국 길림 후기홍적세 포유동물군에 대한 소개

　필자는 중국 길림 경내에서 발견된 후기 홍적세 포유동물 화석의 종류, 성질과 지역을 근거로 하여 <중국 길림 후기 홍적세 포유동물군>에 대한 책을 저술하였다. 책의 내용은 다음과 같이 크게 두 편으로 나뉘어진다. 제1편은 총론으로서 길림 지형, 제4기질, 동물군의 구성과 구분, 동물군 매장(埋葬)과 분포 그리고 동물화석 표면상의 상처와 몇 가지 병태 현상을 나타낸 화석을 기술하였다. 제2편은 화석의 연구와 묘사인데 여기에 6목 19과 36속 62종(6目 19科 36屬 62種)이 포함되며 동시에 5개 동물군의 주요 화석에 대해서도 서술하겠다.

　책 속에 상당수의 도면, 탁본과 사진을 수록하였으므로 이 책은 포유동물화석, 고생태학, 제4기 지질과 고고학자들의 연구에 도움이 될 것이다.

차 례

중국 길림 후기홍적세 포유동물군에 대한 소개 ······················· 5

제1편 총 론 ··· 9

  1. 들어가는 말 ·· 9
  2. 지형 및 제4기 지질개관 ·· 10
  3. 동물군의 조성 및 그 수량 ··· 10
  4. 동물군의 매장(埋葬)과 분포 ··· 25
  5. 동물화석 표면상의 몇 가지 흔적(상처) ······························· 28
  6. 몇 가지 병태(病態)현상을 가진 화석 ···································· 31
  7. 맺는말 ·· 33

제2편 각 동물군 중 주요화석에 대한 묘사 ······················· 35

  1. 유수(楡樹)동물 중 주요화석 ·· 35
  2. 안도(安圖)동물군 ··· 59
  3. 청산두(靑山頭)동물군 ··· 62
  4. 대포소(大布蘇)동물군 ··· 66
  5. 대로(大路)동물군 ··· 73

영문요약 ·· 83
<參 考 文 獻> ··· 85
참고도판 ·· 87

제1편 총 론

1. 들어가는 말

길림 제4기 포유동물군에 대하여 과거에 연구한 것은 드물다. 신중국 성립(1949년)이후 중국과학원 고척추 동물과 고인류 연구소 주명진(周明鎭)교수 등이 동북 제4기 포유동물화석에 대하여 조사와 발굴작업을 실시해서 대량의 새로운 자료를 얻게 되어 초보작업을 실시할 수 있었다. 이 책은 길림에서 발견된 후기 홍적세 포유동물 화석의 종류, 성질과 생태 특징에 근거해서 그것들을 5개 동물군: 유수(楡樹)동물군·안도(安圖)동물군·청산두(靑山頭)동물군·대포소(大布蘇)동물군과 대로(大路)동물군으로 나누고 동시에 각 동물군 중에 주요화석에 대하여 분류, 기술하여 본 지역의 古動物, 古地理와 古氣候 및 제4기 지질 등 전문가와 학자들의 연구에 참고로 제시하겠다.

2. 지형 및 제4기 지질개관

길림성은 대흥안령(大興安嶺)·송료평원(松遼平原)과 장백산지(長白山地)등 3곳의 지역에 가로놓여 있고, 중부평원지세는 평탄해서 표고가 300m를 초과하지 않으며 고저의 차이도 심하지 않아 대부분 50m 이하이다. 지면(地面)조성물질은 제4기 퇴적물 위주이다. 산지지세는 기폭이 크다. 그곳은 표고가 800-1.000m 정도이고 고저차이는 100-500m이며, 그 사이에 구릉과 분지가 산포되어 있다.

길림의 제4기 지층은 시대적으로 전기충적세로부터 전신세(Holocene)까지 발육되었다. 조성원인(造成源因)의 입장에서 보면 해상(海相)을 제외하고 기타 유형은 모두 같다. 산 지역은 빙하퇴적이 있으며 중부평원은 황토와 하호(河湖) 침적층이 넓게 발육되어 이로 인하여 제4기 포유동물화석은 길림경내 각지에 퍼져 있다.

농공업 생산의 발전에 편승한 농전(農田)의 기본 건설 과정에서 대량의 후기 홍적세 포유동물화석이 발굴되었다. 그것들은 동북과 길림지구의 포유동물의 변천, 고생태 및 제4기 지층을 연구하는데 중요한 자료가 되었다.

3. 동물군의 조성 및 그 수량

금일까지 길림경내에서 발견된 포유동물화석은 62종(아종과 미결정종 포함)이며 그것들은 6목 19과 36속(표 1)으로 나누어진다.

표 1. 길림 후기 홍적세 포유동물 화석

고슴도치	*Eirnaceus europaeus*
쥐토끼	*Ochotona Cf. mantehurieuy*
동북토끼	*Lepus mahdschuricus*
토끼	*Lepus Sp.*
꽃쥐	*Eutamias Sp.*
초원 마르모트	*Marmaota bobac*
마르모트	*Marmota Sp.*
단리크 황쥐	*Cirellus danricus*
황쥐	*Citellus Sp.*
보통 해리	*Casyoridae Ckiber*
창고쥐	*Cricetulus Sp.*
밭쥐	*Aruicola Sp.*
브란트 밭쥐	*Microtus brandti*
아르만 두더지	*Myospalax armandi*
동북 두더지	*Myospalax pailulus*
길림 두더지	*Myospalax epsilanuc*
시베리아 뛰는 쥐	*Allactaga Sibirica*
이리	*Canis lupus*
너구리	*Nyctcreutes Sp.*
날씬한 너구리	*Nyctereutes procynides*
북방여우	*Vulpes Vulpes cf. chilienssis*
자라이 여우	*Vupes vulpes cf. tchiliensis subsp.*
여우	*Vulpes SP.*
황곰	*Ursus arctos*
곰	*Ursus SP.*
시베리아 족제비	*Mustela Sibiirco*
족제비	*Mustela SP.*
오소리	*Meles neles*
오소리	*Meles SP.*
최후 하이에나	*Crocuta ultima*
사리	*Lynx SP.*

호랑이	*Fekis tigris*
진맘모스	*Mammuthus Primigenius*
송화강 맘모스	*Mammuthus sungari*
털코뿔소	*Coelodonta antiquititis*
길림 털코뿔소	*Coelodonta antiquititis chilnesis Subsp*
보통말	*Equus caballuc*
프리제발스키말	*Equus przewalsrii*
말	*Equus SP.*
조랑말	*Equus hemionus*
멧돼지	*Sus scrofa*
낙타	*Cameluc SP.*
사향노루	*Moschus moschiferus*
사향노루	*Moschus SP.*
오르도스 큰 뿔사슴	*Megakaceros ordosianus*
북경 꽃사슴	*Pseudaxis hortolorum*
꽃사슴	*Pseudaxis SP.*
말사슴	*Cervus canadennnnsis*
네뿔사슴	*Elaphurus davidianus*
낙타사슴	*Alces alces*
동북노루	*Caprelus mantchuricus*
노루	*Caprelus SP.*
완스죠키 물소	*Bubalus Wansjocri*
옛소	*Bos primigenius*
옛소 아종	*Bos primigenius subsp*
동북 들소	*Bison esiguus*
동북 들소 아종	*Bison esiguus esiguus*
동북 들소 굽은 뿔 아종	*Bison esiguus curvicornis*
동북 들소 하르빈 아종	*Bison esiguus harbinensis*
들소	*Bison SP.*
프리제발스키 영양	*Gazella praewalskii*
청양	*Naemorhedus goral*

본 지역의 후기홍적세 포유동물은 소수의 종속(種屬)이 사멸된
것 외에 대부분 현생종으로 잔존되었다. 이러한 포유동물화석의
각 류의 백분비율은 설치류가 21.8%, 식육류가 15.4%, 기제류
9.9%, 유제류 34.5%, 기타가 8.4%를 차지하고 있다. 발견된 화
석 중 수량이 가장 많은 것은 眞(최초)맘모스(Mammuthus Primi-
genius Blumenbach)로서 전체의 18.6%를 차지하였으며 최소를
차지한 것은 식육류와 설치류로서 2가지 모두 4.2% 정도이다.
여기에 근거하면 길림 후기 홍적세 동물군 중에 추운 동물(耐寒
動物)이 큰 비중을 차지하였는데 이것은 후기 홍적세의 한랭한
기후를 반영하여 준다. 그 중에 초식을 좋아하는 동물과 물을 좋
아하는 동물이 있는 것은 당시의 삼림초원과 소택 환경이 있었다
는 것을 표명하여 준다.

1) 유수 (揄楡) 동물군

중국 동북지구 후기 홍적세에서는 일반적으로 길림 유수 동물
군 또는 하르빈 고향둔(顧鄕屯)동물군을 대표로 삼는다. 그 이유
는 이 두 곳 동물군은 동북지구에서 비교적 이른 시기에 발견되
었고 또한 출토된 포유동물 화석 종류, 수량이 상당히 많고 거기
에 뚜렷한 대표성을 가졌기 때문이다. 그래서 일반적으로 이 두
곳 동물군을 후기 홍적세 동물군의 대표로 본다. 그 이후에 안도
(安圖)동물군, 염가강(閻家崗)동물군, 소고산(小孤山)동물군과 청
산두(靑山頭)동물군 등의 출현은 동북지구 후기 홍적세 기간에
다만 "맘모스·털코뿔소 동물군"만 있었던 것이 아니라 그 함축
된 내용이 풍부하고 면모가 더욱 뚜렷하였던 것을 설명하여준다.
유수동물군은 1950년대에 길림성 유수시 주가유방(周家油坊)에

서 발견된 동물군이다. 주가유방은 유수시에서 서남방향으로 18km지점에 위치하고 있는데 그곳은 표고 200m 정도의 황토대지 상으로 그 대지는 납림하(拉林河)의 강물에 의해서 절개되어 기복이 불균등한 언덕지형으로 형성되었다. 주가유방촌(村) 앞의 하류의 양쪽 언덕은 비대칭적인 2급 계지(테라스)로 발육되었는데 2급 계지는 하상(河床)으로부터 8～12 높이에 있다. 그곳의 후기 홍적세 지층의 조성은 고향둔조(顧鄕屯組)에 해당되며 그것은 때로 회색·회흑색질 아사토로 변질되어 있었다. 1951년 동북공업원(剌比工業院) 지질학과에서 이 곳을 조사할 때 다량의 동물화석·인공이 가한 석편 1점·사람의 정강이뼈 화석 1점과 이마편 2점 등을 채집하였다.

1956년 배문중(裴文中)교수 등과 길림성박물관 고고학자들이 이 곳을 조사시 어린애의 어금니 1점·석물과 다량의 포유동물을 채집하였다. 1977년 길림성 박물관과 길림성 지질과학 연구소에서는 주가유방의 7개 지점을 발굴하여 상당수의 문화유물과 다량의 동물화석을 발견하였다.

통계에 따르면 유수 주가유방에서 그간에 발견된 포유동물화석은 모두 42종이다. 이 동물화석을 유수동물군이라고 부른다. 42종 포유화석(표2): 토끼목 3종·설치목 2종·식육목 8종·장비목(長鼻目) 2종·기제목 5종과 우제목 17종이다.

동물화석 조성의 입장에서 보면 대부분 현생종속으로 전형적인 것은 맘모스·털코뿔소(Mammuthus-Coelodonta Fauna)동물군이다. 유수동물군과 내몽고사라-오소-골 동물군은 대단히 접근되는데 다만 사라-오소-골 동물군 내에는 맘모스와 들소(Bison exigu Skinner et Kaisen)가 발견되지 않았다. 유수동물군 종류 조성 분석에 따르면 다수가 시베리아 후기홍적세 동물군과 같다. 다만 유수의 지리적 위치는 남쪽에 편중되어 북부의 북극여우(Vulpes Vulpes cf. Tchiliensis Matehie)와 사향소(Ovido Smosehatus Zimm) 등의 종류가 없다.

동물화석에 대한 방사성 년대 측정(C^{14})는 지금부터 26, 700년으로 평가되었다.

표 2. 우수 동물 화석

쥐토끼	ochotona of mantehurieus
동북토끼	Lepus manschuricus
토끼	Lepus Sp.
마르모트	Marmota Sp.
황쥐	Citellus Sp.
보통 해리	Casyoridae Ckiber
창고쥐	Cricetulus Sp.
밭쥐	Aruicola Sp.
동북 두더지	Myospalax pailulus
길림 두더지	Myospalax epsilanuc
이리	Canis lupus
북방여우	Vulpes Vulpes cf. chilienssis
붉은여우	Vulpes Vulpes cf. chilienssis Sudbsp
여우	Vulpes SP.
말사슴	Cervus canadennnnsis
사향노루	Elaphurus davidianus
낙타사슴	Alces alces
동북노루	Caprelus mantchuricus
노루	Caprelus SP.
완스죠키 물소	Bubalus Wansjocri
옛소	Bos primigenius
옛소 아종	Bos primigenius subsp
동북들소	Bison esiguus
동북들소 전형 아종	Bison esiguus esiguus

동북들소 뿔 굽은 아종	*Bison esiguus curvicornis*
동북들소 하르빈 아종	*Bison esiguus harbinensis*
프리제발스키 영양	*Gazella praewalskii*

주가유방 구석기시대 후기문화 유적 제4지점 지층 내의 화분 분석에 의하면 목본(木本)화분이 전체의 74·8%를 차지하는데 그 중에 자작자무속(Betula)이 66%를 차지한다. 그 외 소량의 전나무(Abies), 소나무(Picea), 측백나무(Cupressaceae), 마황(麻荒. Ephedra)과(科) 등이 있다. 초본(草本)화분은 40%에 달하는데 그 중에 쑥속(Artemisia)위주가 28%가 되며 그 다음이 명아주과 (Chenopodiacede), 범의귀과 (Sax ifraceae), 꼭두서니과(Rubiaceae) 등이다. 명아주과 포자는 고사리과(Polypodiaceae)가 위주로 되어 있다. 그 외 권백속(券柏屬. Selaginella), 석송(石松. Lycopodium Sp), 음지 고사리 (Botrychium)등이 있다. 포분단면 층 내에서 최후 하이에나(Crocuta ultima Matsumoto), 진(眞) 맘모스, 털코뿔소, 야생말(Equus Przewalskii Poliakof)과 들소 등의 포유동물화석이 발견되었다.

상기한 포분조합의 분석에 따르면 유수동물군은 한랭한 기후조건 하에서 서식하였다. 그것들은 자작나무, 쑥 등 위주이며 때로 권백, 석송과 범의귀 등으로 조성된 삼림초원에서 서식하였다.

2) 안도(安圖) 동물군

안도 동물군은 1960년대 초에 길림 안도현에서 후기 현생 인류 화석을 포함한 동물군과 함께 발견되었는데 그것들은 안도현 명월진(明月鎭)의 포이합통하(布爾哈通河)의 2급계지 상에 있는

석회석 동굴에서 발견되었다. 동물은 표고 365m의 페름기의 석
회암으로 이루어졌다. 동물단면은 아래로부터 위로 4층으로 나누
어졌는데 인류화석은 2층과 3층에서 출토되었으며 포유동물화석
은 각 층마다 출토되었다. 안도동물군은 모두 19종(표 3)으로 토
끼목 1종, 설치목 1종, 식육목 7종, 장비목 1종, 기제목 3종과 우
제목 6종 등이다.

표 3. 안도(安圖)동물군 화석 명단

쥐토끼	*Ochotona Cf. mantehurieuy*
꽃쥐	*Eutamias Sp.*
이리	*Canis lupus*
너구리	*Nyctcreutes Sp.*
여우	*Vulpes SP.*
황곰	*Ursus arctos*
사리	*Lynx SP.*
호랑이	*Fekis tigris*
최후 하이에나	*Crocuta ultima*
진맘모스	*Mammuthus Primigenius*
털코뿔소	*Coelodonta antiquititis*
프리제발스키 야생말	*Equus przewalsrii*
말	*Equus SP.*
꽃사슴	*Pseudaxis SP.*
말사슴	*Cervus canadennnnsis*
낙타사슴	*Alces alces*
노루	*Caprelus SP.*
동북 들소	*Bison esiguus*
들소	*Bison SP.*

　동물화석의 조성에 따르면 사멸종이 3종이고 나머지는 모두 현생종속이다. 말류와 사슴류의 수량이 많고 맘모스와 털코뿔소 화석의 수량은 전체의 비중에서 그리 크지 않은데 이것이 안도동 물군과 유수동물군과의 주요한 차이이다. 포유동물화석에 대한 방사성연대측정은 지금부터 26,000년, 28,000년과 35,000년이 평 가되고 있다.

　화분샘플 채취단면은 상·하 둘로 나누었는데 상층이 하층보다 많았다. 전체화분은 초목(草木)화분 위주로서 총 수량의 48.5%를 차지하고 목본(木本)화분은 35.4%이며 고사리류가 가장 적은 15.8%를 차지하였다.

　목본화분은 잣나무속(Pinus), 소나무속(Picea), 전나무속(Abies)위 주이고 그 다음이 자작나무속(Betula)이고 소량의 버드나무속(Salix) 도 있었다. 초본화분은 쑥속(Artemisia), 국화과(Composotae)가 우세 하였고 그 다음이 명아주과(Crocifearae), 범의귀과(Saxifragaceae) 등 이다. 명아주과 포자에는 고사리과와 권백속(Selaginella) 등이 있다.

　상기한 화분조합에 따르면 식물은 삼림초원이다. 그것은 당시 에 안도동굴 일대에 풀들이 무성하고 또한 삼림(森林)의 삼림초 원식물도 있었음을 설명하여준다.

　그 외, 소나무와 전나무는 현재 장백산(長白山)의 표고 1.40 0~1.800m 고도상에 자라고 있다. 현재 장백산 연평균 온도가 -3℃이며, 안도명월진의 연평균기온이 3.5℃가 된다. 기온 수직 체감율 0.5℃/100m로 추산하여 보면 당시 안도동물군 생활시의 기온은 지금보다 적어도 5℃ 낮았다.

3) 청산두(靑山頭)동물군

청산두 동물군은 1980년대 길림 전곽사건포(前郭査乾泡) 북쪽 언덕의 호수적 계지(테라스) 상에서 발견되었는데 사건포는 길림 서쪽에 있는 상당히 커다란 호수이며 그 주위에는 호수퇴적물에 의해서 파도형의 기복이 있는 언덕 지형이 형성되었다. 청산두는 이 지형 중의 하나의 언덕이다. 2급 계지는 호수면에서 33m 높이에 있다. 지층은 하에서 상으로 10층으로 나누어지며, 포유동물화석은 7층 회황색 고운 모래와 사토(沙土)내에서 출토되었는데 이 층위 안에서는 칼슘질이 많이 섞여 있었다. 출토된 동물화석은 모두 13종(표 4)이다: 설치목 6종. 식육목 2종·기제목 2종과 우제목 3종 등이다.

표 4. 청산두 동물군 화석

초원 마르모트	*Marmaota bobac*
다우리 황쥐	*Cirellus danricus*
브란트 밭쥐	*Microtus brandti*
동북 두더지	*Myospalax pailulus*
아르만 두더지	*Myospalax armand*
시베리아 뛰는 쥐	*Allactaga Sibirica*
날씬한 너구리	*Nyctereutes procynides*
여우	*Vulpes SP.*
프리제발스키 말	*Equus przewalsrii*
털코뿔소	*Coelodonta antiquititis*
멧돼지	*Sus scrofa*
사슴	*Cerous canadensis*
들소	*Bison SP.*

청산두 동물군 내의 종속은 모두 "맘모스-털코뿔소 동물군" 내

에서 같은 것 또는 접근된 것을 찾을 수 있다. 초원 마르모트 (Marmota bobac Radde), 시베리아 뛰는 쥐(Allactaga Sibirica Forster), 프리제발스키 말과 들소만이 청산두에 없는 것을 제외하고 기타 모든 것들은 이 지역에서 서식하였다. 청산두 동물군에 비록 맘모스 종속이 없지만 "맘모스-털코뿔소 동물군"의 모종 성질은 구비되어 있다. 그 외 동물군 중에 현생종이 절대다수를 차지한 바에 의하면 그것들은 후기 홍적세에서 전신세(Holocene)로 넘어가는 과도기적 동물군에 해당된다. 방사성탄소연대측정에 의하면 제7층 정상(頂上)부 시대는 지금부터 10,940년 전이다.

포유동물이 발견된 층위 내에서 채집된 화분의 분석 결과는 목본화분으로 소나무(雲杉), 소나무(松)와 자작나무 등이고, 초본 화분으로는 쑥속과 명아주 등의 포분(胞粉)대를 조성하였다. 이러한 화분조합은 유수·대포소(大布蘇) 등지와 접근되며 또한 자연 환경이 접근됨을 반영하여 주고 있다. 당시 동물군은 건냉(乾冷)한 희림(稀林)초원 환경에서 생활하였다.

유수동물군과 비교하면 뚜렷한 차이가 있다. 그 조성중에는 건조한 초원에 적응하는 설치류가 많다. 초원 종류와 삼림 종류의 비례는 유수동물군보다 높다. 그것은 기후가 더욱 추웠던 것으로 추측되며, 그 시기는 바로 마지막 1차 빙하기의 마지막 단계와 일치하며 그것은 동물군의 환경적 반영과 화분 조합 특징과도 일치한다.

4) 대포소(大布蘇)동물군

대포소동물군은 1970년에 길림 건안(乾安)대포소포의 동쪽 언덕의 2급계지(테라스)지층 내에서 발견되었다. 대포소포(大布蘇泡)

는 송료(松遼)평원의 서쪽 침강지대 중심에 위치하고 있는데 그
곳은 송화강·눈강(嫩江)과 서요하(西遼河)사이에 있는 광대한 폐
쇄지역 내의 호수 물이 흐르는 곳 중에 비교적 큰 곳 중의 하나이
다. 물흐르는 곳(泡子. 물흐르는 泡. 水流貌)의 동쪽 언덕의 두 번
째 계지는 표고 150m인데 당지에서는 그곳을 "이리 이빨봉(狼牙
捧)이라고 부른다. 두 번째 계지의 하부는 회황·회백색 모래가
회록색·황록색·회황색의 아점토와 모래에 석여있다. 수평된 층
리와 경사로 된 것들이 교차된 층리가 발육되었는데 그것들은 하
호상(河湖相)침적에 속하며 그 곳에서 동물 화석이 출토되었다.
대포소 동물군은 모두 16종의 포유동물과 조류 1종(표 5)등이다:
설치목 4종·식육목 2종·장비목 1종·기제목 4종과 우제목 5종
이다.

표 5. 대포소 동물군

초원 마르모트	*Marmota bobac*
황쥐	*Citellus Sp.*
동북두더지	*Myospalar psilulus*
뛰는 쥐	*Allactaga sibirica*
이리	*Canis lupus*
호랑이	*Felis tigris*
진맘모스	*Mammuthus primigenius*
털코뿔소	*Coelodonta antiquitatis*
길림 털코뿔소	*Coelodonta antiquitatis chilnesis subsp*
프리제발스키 말	*Equus przewalskii*
낙타	Camelus sp.
오르도스 큰뿔사슴	Megalaceros ordosianus

말사슴	Cerous canadesis
옛소	Bos primigenius
들소	Bison exiguus
안더슨 타조	Strusthio andessoni

대포소 동물군은 맘모스·털코뿔소 동물군의 성질을 가졌다. 그러나 이 동물군대 내에는 유수동물군에 없었던 낙타와 타조 등 삼림과 건조한 사막유형의 동물들이 있다. 삼림성의 호랑이와 건조한 사막성의 낙타·타조 등의 동시 존재는 당시 대포소 일대의 환경이 복잡하였음을 나타내어 준다.

대포소 퇴적 내의 화분조합은 3개 단계로 나누어지는데 그 중에는 후기 홍적세말기의 포유동물이 출토된 곳도 있다. 이 시기의 목본화분으로는 잣나무(Pinus)와 자작나무(Betula)가 있고 초본(草本)화분에서 중요한 것으로는 명아주과(Chenopodiaceae)와 쑥속(Artemisia)등이 있다.

화분수량으로 보면 초본화분이 전체의 96.5%를 차지하고 목본화분은 겨우 2.5%를 차지하였다. 초본화분의 명아주과는 60.1%를 차지하고, 쑥속 23.9%이며 그 다음이 많지 않은 마황 (Ephdraceae), 미나리 아재비과(Ranvuculaceae)와 화분과(禾本科Graminceae)등이 있으며 간혹 고사리과(Polypodiaceae)도 보였다. 이 식물은 소림(疏林)초원 경관(景觀)을 조성하였다.

종합하면 대포소 일대의 후기 홍적세지층 내에는 빙하기 조건 하의 맘모스·털코뿔소 등 동물화석이 발견될 뿐만 아니라 또한 추운 곳에 적응된 소나무·자작나무와 명아주과 등 빙하주변 식물의 조합이 보였다. 양자 모두가 후기 홍적세의 대포소일대가 한랭한 빙하 주변환경 위주라는 것을 동일하게 나타내어 주고 있다.

5) 대로(大路)동물군

대로 동물군은 1980년대 말에 집안시 대로향 고지촌(集安市 大路鄕 高地村)의 선인동굴(仙人洞窟)에서 발견되었는데 선인동굴 은 석회암 동굴로서 동굴퇴적은 아래에서 위로 4층이다. 최상면 의 제4층에는 쇄석(碎石)과 부토가 있고 아직 석화(石化)되지 못 한 동물골격과 현인류의 활동흔적이 있었다. 그것들은 전신세 (Holocene)층에 속하며 이 층위의 아래는 판석이 덮인 층(蓋板 屑)이고 그 층밑의 제2층은 황색점토인데 화석 또는 기타 유물이 없었다. 제일 밑의 층은 홍색점토(당시 紅燒土로 稱)층으로서 포 유동물 화석이 포함된 층위이다. 대로동물군에는 모두17종 포유 동물(표 6)이 있다: 식충목 1종·설치목 2종·식육목 7종·기제 목 1종과 우제목 6종 등이다.

이 동물군 중에는 식육류와 우제류의 비례가 크다. 우제목으로 서는 사슴류가 가장 많다. 대로동물군에는 비록 맘모스가 보이지 않지만 추운 계절을 좋아하는 털코뿔소와 상당수의 온대성 종류 도 보였다. 예를 들면 말사슴·노루와 사향노루 등이다.

대로동물군의 골격과 이빨화석을 연구할 때 이 동물군 중의 50%이상이 어린 새끼라는 것을 발견하였다. 동물군의 종류와 습 성(習性)에 따르면 이러한 어린 새끼의 죽은 원인은 식육류의 소 행으로 보였다.

표 6. 대로 동물군 화석

보통고슴도지	*Erinaceus europaeus*
황쥐	*Citellus Sp.*
동북두더지	*Myospalax cf. psilulus*
이리	*Canis cupus*
여우	*Vulpes SP.*
곰 족제비	*Mutela SP.*
오소리	*Meles SP.*
최후 하이에나	*Crocuta ultima*
호랑이	*Felis tigris*
털코뿔소	*Coelodonta antiquitatis*
사향노루	*Moschus moschiferus*
오르도스 큰 뿔사슴	*Megaceros ordosiaruus*
북경 꽃사슴	*Pseudaxis hortolorum*
말사슴	*Cervuscanadensis*
노루	*Capreolus mantchuricus*
청양	*Naemorhedus goral*

　　동물생태의 각도에 의하면 곰·족제비·말사슴·오르도스 큰뿔
사슴 사향노루와 꽃사슴 등은 삼림성의 종류이다. 두더지와 최후
하이에나는 초원지역의 종류이며 오소리는 강·호수·늪지 주위
에서 서식하는 종류이다. 이와 같이 서로 다른 생활습성의 동물
화석이 동일한 층위에서 출토된 것은 집안의 대로(大路) 일대가
후기 홍적세 때의 환경이 다양하였음을 나타내어 준다.

4. 동물군의 매장(埋葬)과 분포

길림 후기 홍적세 동물군 중의 맘모스·털코뿔소 등은 중국 동북지구에서 보편적으로 분포되었을 뿐만 아니라 남쪽으로 조선반도, 동쪽으로 일본 북부, 북쪽으로 시베리아에 분포되어 하나의 동물구계(動物區系)를 형성하였다.

길림경내 후기 홍적세 포유동물 화석 분포지점은 현재까지 167곳이 알려졌다. 그것들은 길림 각지에 퍼져있다.(도 1)

화석의 분포는 중부평원지구의 파상(波狀)대지와 각 강·호수의 테라스 상에 가장 많고, 산지와 분지에는 드물다. 그 분포특징과 매장 정황은 다음과 같다.

표 7. 각 동물군의 주요 특징

동물군 항목	유수(楡樹) 동물군	안도(安圖) 동물군	청산두(靑山 頭)동물군	대포소(大布 蘇)동물군	대로(大路) 동물군
종류	42	19	13	16	17
사멸종	5	3	1	3	3
퇴적 유형	야외	동굴	야외	야외	동굴
주요 특징	동북지구의 전형적 맘모스-털코뿔소 동물군	산지·평원 동물 종류가 있다.	후기후적세로부터 전신세로 넘어가는 과도기 동물군	맘모스-털코뿔소동물군의 특징 있다. 단, 건조·사막성 동물군이 혼합됨	많지 않은 추운성질의 털코뿔소 출현. 그 외 식육류 큰 비율 차지한 것은 동물군의 특징중 하나
식 물	삼림 초원	삼림 초원	소림(疏林)초원	소림 초원	삼림(森林)
기 후	건 냉	건 냉	건 냉	건 냉	서늘하고 습함

1) 강·호수 테라스(河湖階地)

길림경내에는 강·호수가 상당히 많은데 그것들은 압록강, 두만강, 대수분하(大綏芬河), 목단강, 제2송화강, 동·서요하(東·西遼河), 도아하(洮兒河)등 유역과 대포소포(大布蘇抱), 사건포(査乾泡), 화오포(花敖泡)와 월량포(月亮泡)등이다. 신구조(新構造)운동과 기후변화의 영향 하에서 각 강과 호수에는 각급의 테라스가 보편적으로 형성되었으며 그 곳에서 맘모스, 털코뿔소 등의 화석이 발견되었다. 강가의 모래, 1·2급 테라스 상의 검은 흙, 점토, 아점토와 황토퇴적물(도 2)중의 3급 테라스 상에는 그러한 화석들이 발견된 일이 없다. 여기에 의하면 2급 테라스가 형성된 지질시기는 홍적세 후기로 추산될 수 있다. 강가의 모래와 1급 테라스 내의 화석은 대부분 2차 운반된 것이다.

2) 파상(波狀) 대지

길림중부와 합대철도(哈大鐵道)를 따라서 양측에 거대한 파상형태(파도형대)의 대지가 펼쳐져있다. 표고는 대부분 180-240m이고 고저차이는 10-15m사이이다. 대지상에는 5-20m 두께의 황토가 덮여 있는데 이 황토퇴적물은 평원서남부 내몽고의 고륜(庫倫), 나만(奈蔓)일대에도 분포되었다. 황토층 내안에 많은 홍적세 후기 포유동물화석이 매장되어있다.(도3)

길림경내 황토층 내에는 맘모스, 털고뿔소 등 화석의 분포 외에 건조기후를 대표하는 안더슨 타조의 알 화석도 또한 분포되어있다. 이 황토를 화북(華北)의 동류화석을 출토시키는 마란(馬蘭)황토와 비교하면 후기홍적세의 후기에 속하는데 이 시기의 기후는 건조하고 바람이 심하게 불었다. 그것은 초원 또는 사막 성환경이었다.

3) 분곡지(盆谷地)

대흑산(大黑山)동쪽의 산지 또는 구릉사이의 분지·계곡의 검은 흙 층위내에 언제나 포유동물화석이 발견되었다. 예를 들면 쌍양(雙煬), 서란(舒蘭)등 분지, 계곡내에서 맘모스. 털코뿔소 등 화석이 모두 출토되었다. 이 화석들은 지표로부터 깊지 않은 곳에 묻혀 있었는데 그 깊이는 평균 1.5m 이내이다. 화석들은 대부분 언덕의 사태, 홍수 또는 강물의 흐름에 의해서 제2차 퇴적된 것이다.

4) 동굴

길림경내 석회암 지형은 대부분 동.남부 연변(延邊)과 통화(通化) 지구에 집중되었고 기타 지구에는 드물게 분포되었다.

지곡운동과 지하수의 장기적 용해 작용에 의해서 상당수의 석회암 동굴이 형성되었다. 지금까지 동굴 내에서 포유동물 화석이 발견된 곳은 모두 7곳이다. 그곳들은 안도명월구(安圖明月溝), 왕청합마당(汪淸哈瑪塘), 반석우심산(磐石牛心山), 화전수산(樺甸壽山), 통화수동(通化水洞), 집안선인동(集安仙人洞)과 무송선인동(憮松仙人洞)등이다. 동굴 퇴적내의 진맘모스, 털코뿔소와 최후 하이에나의 화석 존재에 의하면 동 퇴적 지질연대 홍적 후기에 해당된다. (도4)

동물화석 종류와 수량이 제일 많이 매장된 곳은 안도동굴, 집안대로선인동, 유수주가유방과 건안대포소 등이다. 예를 들면

1989년에 부여 소요촌(扶餘小窯村)의 아(亞)모래층 내에서 1구의
완정한 털코뿔소 뼈가 발견 되었다. 화석의 석화(화석화. 石化)정
도는 동굴퇴적의 것이 평원과 테라스에서 출토된 동물화석보다
높다.
그것은 오랫동안 칼슘이 많은 지하수 작용과 관계가 있다.

5. 동물화석 표면상의 몇 가지 흔적(상처)

1200점 이상의 포유동물화석을 감정한 결과 228점 화석 표면상
에 상처가 있었는데 그것은 전체 화석수의 19%를 차지한다. 여러
가지 상처의 흔적을 보면 인공(人工)적 상처, 동물 이빨상처, 압력
과 유수에 의한 마모상처 등이 있다.
감정과 연구결과를 다음과 같이 제시한다. 동물화석 표면상의
상처(흔적)의 특징과 매장학을 연구하는 전문가들에게 참고가 될
것이다.

1) 인공혼적

동물과 사람들의 관계는 밀접하다. 오늘날의 생활뿐만 아니라
인류 과거의 역사상 동물과 인류생산과는 밀접한 관계가 있었다.
인류출현 시작부터 생존과 문화창조를 위하여 주위환경중의 생물
과 관계를 가졌는데 그것들은 계절적 채집외에 동물 수렵과 포획
등으로 생활의 수요와 생산성의 발전을 가져왔다. 길림경내 후기
홍적세 동물화석 표면상의 인공혼적은 동물과 인간관계를 설명하
여 준다.

　지금까지 동물골격화석 표면상에 인공타격, 압력과 사용된 흔적을 가진 것은 27점이다. 그러한 흔적의 존재 원인을 감정·조사한 결과는 다음과 같다: 첫째 당시 공구 제작시 필요한 여러 가지 공구 유형과 용도에 맞추어 동물뼈에 타격과 압력을 가하여 흔적을 남겼다. 두 번째 뼈를 때려서 골수를 빼먹은 흔적, 세 번째 골제 도구를 오랫동안 사용하여 남은 흔적 등이다.

2) 동물이빨흔적

　동물이빨흔적을 가진 뼈들은 상당히 많다. 모두 175점이다. 여러 가지 동물이빨흔적의 특징에 따르면 그것들은 이리, 최후 하이에나, 곰, 족제비와 설치류 등의 이빨 흔적이다. 그중에 이리이빨 흔적이 가장 많고 그 다음이 설치류(표 8)이다.

표 8. 각종 동물 이빨 표본 통계표

동물 종류	수　량	총수의 퍼센테이지
이　리	81	46.2
최후 하이에나	31	17.7
곰	1	0.57
족 제 비	1	0.57
설 치 류	61	34.8

3) 압력 흔적

　압력 흔적은 생물자체가 화석화되는 과정에서 오랫동안 두터운 지층에 매장되어 생긴 것과 동물 유해가 변형되면서 남겨진 압력 흔적 등으로서 그러한 화석표본은 제4기 지층 내에서 흔한 것은

아니다. 감정된 1,200지점 이상의 표본 중 단 1점의 압력흔적의
표본만을 확인하였다.

4) 마모 흔적

마모 흔적은 인공적인 것과 자연적인 작용의 것 등 두 종류가
있다. 통계에 의하면 25점의 마모 흔적의 표본 중 1점만 인공사
용 흔적이고 나머지는 모두 유수(流水)운반 작용시 발생된 흔적
이다. 그 것들은 뾰족한 것, 칼모양, 둥근 것과 상당수의 불규칙
한 현상들이다. 그 중에 뾰족한 것이 가장 많다. 그 외 그러한
표본 중에는 인공이 가한 것, 동물이빨흔적과 마모흔적 등이 있
다. 그러한 마모흔적을 살펴보면 인공이 가한 것, 동물이빨의 표
본 중 어느 것은 마연된 것과 흔적이 희미해진 것 등이 있는데
그것들은 인공과 동물이빨 흔적이라고 보이며 때로 유수작용 시
에 발생된 것으로도 보인다. 그러한 차이들을 표 9에서 개괄할
수 있다.

표 9. 인공타격과 동물 이빨 흔적의 구별

인공타격 흔적	동물 이빨 흔적
타격점 존재, 상처 비대칭, 상처 깊이 불균일, 연속 상처 존재, 상처는 비늘 형상, 이빨흔적 없다.	타격점 없다. 흔적대칭적, 흔적 깊이 기본적으로 일치. 연속 이빨 흔적, 흔적은 구덩이상(構狀), 이빨 흔적있다.

6. 몇 가지 병태(病態)현상을 가진 화석

병태현상을 가진 동물화석의 연구는 고병리(古病理)와 고대동물의 생태환경을 연구하는데 주요한 가치가 있다. 병태현상을 가진 동물화석 연구는 지금까지 길림에 보도된 예가 없다. 길림에서 발견된 동물화석은 드물다. 그러나 대자연에 남겨진 병력(病歷)에 의하면 동물에 병이 발생된 것은 대단히 오래되었고 또한 상당히 보편적이었다. 때로 어떤 동물은 병에 감염되어 죽게 되었다. 각종 동물병태현상은 다음과 같다.

1) 뼈혹화석(骨腫瘤. 종유. 혹)

맘모스 표본의 위턱에 앞이빨이 있는데 그것은 새끼의 위턱이었다. 그 오른쪽위턱 중간에 돌출된 혹이 있다. 일반적으로 정상적인 것에는 그러한 혹이 없다. X선 촬영 결과 그 형태가 뚜렷하였다. 그 형태는 불규칙하고 가장자리가 일치되지 않았다. 초보분석에 따르면 뼈혹이다. 이 병(혹)에 의해서 그 맘모스가 죽은 것으로 판단된다.

2) 뼈 부러짐(骨折)

골절은 병태를 가진 화석 중 상당히 많은 일종의 뼈의 병(骨科病歷)이다. 그러나 병의 원인 조사결과 그러한 동물들의 생활습성은 싸움을 좋아하지 않았고, 또한 기타 동물들을 공격하기를 좋아한 것도 아니었다. 즉 뿔가진 들소와 예리한 앞이빨을 가진 맘모스 등은 싸움을 좋아하는 짐승이 아니다. 그러므로 그들의 골절현상은 질주시 충돌에 의해서 발생된 것으로 판단된다.

① 야생말 발바닥뼈(跖骨)

왼쪽 발바닥뼈 내에 하나의 골가(骨痂. 헌데딱기)가 발생하였다. X선 검사 후 그 척골 부근의 ½안쪽 가장자리에 종행으로 균열된 흔적이 없다. 그 뼈의 밀도가 일치하지 않았으며 균열된 뼈 안쪽에 새뼈가 자라고 있었으며 표본의 균열된 등면도 융기되었는데 그것도 고르지 못하였다. 그것은 새로운 뼈가 자랐기 때문(즉, 골가형성 骨痂形成)이었다. 그러나 정황의 분석에 의하면 기본 뼈의 골절로 나타났으며 그 골절은 수직으로 잘못 자라게 되어 있었다.

② 들소 왼쪽 손바닥 뼈(左掌骨)

왼쪽 손바닥 끝부분에 골가(骨痂)가 발생하였는데 골가의 길이는 2.1cm였다. 정상적인 것은 뼈면으로부터 0.2cm 융기된다. X선 결과 작은 뼈(骨小梁)가 문란하게 되었는데 그것은 골절(骨折)에 의해서 발생된 것이었다.

③ 맘모스 좌측 갈비뼈(肋骨)

하나의 갈비뼈가 2번 골절되었는데 그 갈비뼈는 길이가 128cm였다. 갈비뼈 가까운 끝에서 첫 번째 골절된 곳은 38cm이고, 두 번째 골절 사이는 13cm였다. 골절은 뼈 외벽으로부터 내벽으로 이루어졌으며 골절된 원인은 외부로부터 왔다. 연구 결과 첫 번째 골절은 지속적인 충격에 의해서 이루어졌다. 그 원인은 당시 사람들이 그것을 잡아서 공격하여 죽일 때 발생한 것이 아니라 그 맘모스가 질주하다가 무엇인가의 충돌에 의해서 한 뼈가 두 번 금이 간 것이다.

3) 이빨 마모병

들소 왼쪽 아래턱의 앞 세 번째 어금니부터 세 번째 어금니 (P_3-M_3)가 남아 있었다. 이 아래턱 앞 세 번째 어금니와 세 번째 어금니가 가볍게 마모되었고, 제1·제2어금니의 마모는 상당히 심해서 그 마모정도가 거의 이빨 뿌리까지 이르렀다. 그리고 그 이빨의 전후 양엽(兩葉)은 탈락되어 겨우 0.4cm 높이만 남아 있었다. P_1의 치관 높이는 1.7cm, M_3의 치관높이는 1.6cm였으며 P_1, M_3 두 이빨은 정상적으로 자랐다. 측면에서 관찰하면 아래턱이빨은 하나의 호(弧)형을 이루고 있다. 마모증세는 그 동물이 생전에 왼쪽 이빨을 이용해서 음식을 먹은 것을 나타내어준다. 오른쪽 이빨의 병태현상 여부는 확인할 수 없었다.

7. 맺는말

1. 길림경내의 후기 홍적세 때의 동물화석의 종류, 성질과 생태 특징에 근거해서 그것들을 5개 동물군으로 나누었다. 이 5개 동물군 사이에 있어서 종(種)·속(屬)과 성질 등은 대단히 유사하나 약간의 차이는 있으며 그 차이가 각 동물군을 구분하는 근거가 되었다.
2. 길림 후기 홍적세 동물군에는 62종의 포유동물화석이 포함되며 그것은 다시 6목 19과 36속으로 나누어진다. 글 중 사멸종은 전체의 9.9%를 차지하고 나머지는 대부분 현생종이다.

3. 이 책에서 기술된 포유동물화석은 주로 후기홍적세의 황토, 아모래, 아점토와 점토층에서 출토된 것들이다. 그것들의 분포는 대부분 강·호수의 2급 테라스, 파상 황토대지와 동굴 등이다. 발견된 화석지점은 모두 167곳으로, 그것들은 거의 길림 각지에 분포되어 있었다.

4. 검토된 1.200점 이상의 포유동물화석 중 228점의 화석표면에 흔적(상처)이 있는데 각종 흔적의 특징에 근거해서 인공의 흔적, 동물이빨흔적, 압력과 유수에 의한 마모흔적으로 구분되었다. 그 중에 동물이빨흔적이 가장 많고, 압력흔적은 겨우 1점이다. 화석 표면상의 여러 가지 흔적의 연구는 장래 구석기 시대 후기 인류의 활동과 동물화석 매장 등의 문제를 검토하는데 일조가 될 것으로 본다.

5. 길림에서 발견된 동물의 병태화석은 드물지만 고명리(古病理)의 검토와 고대동 물의 생활환경을 이해하는데 있어서는 중요한 자료가 될 것이다.

6. 동물군 성질, 화석매장층위와 화분분석에 의하면 길림 후기 홍적세 때에는 삼림-초원 식물에 상응하는 빙하주변환경에 있었다.

본서 집필 과정에서 곡덕평(谷德平), 마홍(馬洪), 장정(張楨)선생 등과 강효광(姜曉光)여사 등이 사진촬영, 도면작성과 탁본을 하여 주었으며 길림성문물고고연구소, 유수시(楡樹市)박물관, 대안시(大安市)박물관의 협력을 받았다. 여기에 깊은 감사를 드린다.

제2편 각 동물군 중 주요화석에 대한 묘사

1. 유수(楡樹)동물 중 주요화석

토끼목 *Lagomorpha Brant*
쥐토끼과 *Ochotonidae*
쥐토끼 *Ochotonidae SP.*

아래턱 제3 앞어금니(P_3) 부착. 이빨구조가 복잡하고 부동한 형상의 앞돌기(前突)가 있으며 양측에 많은 주름이 있다.

토끼과 *Leporidae*
토끼속 *Lepus Linnaeus, 1758*
동북토끼 *Lepus manschuricus Radde*

아래턱 제1앞어금니(P_1)부착. P_1앞쪽에 두 줄의 구열(溝裂)이 있다. 치관면에는 세 줄의 능선(脊)이 있으며 이빨 내측에 두 줄의 구열(溝裂)이 있다.

설치목 *Rodentia*
다람쥐과 *Sciuridae*
건조한 마르모트 *Marmota Frisch, 1775*
마르모트 *Marmota SP.*

오른쪽 위턱에 P³-P⁴가 있다. 이빨은 입술측(脣側)에 3곳의 완곡한 구열의 주름이 나있고 혀측(刮則)에는 하나의 완곡한 구열(溝裂)주름이 있다. 이러한 완곡한 구열(溝裂)은 치관면 상에 4개의 주름을 형성시켰는데 그 주름(褶曲)은 간단하다. M³의 치조(齒槽)입장에서 보면 3개의 이빨 뿌리가 있다. 치열 중에는 상당히 큰 하나의 이빨이 있고 치열의 길이는 13mm이다.

해리과 *Castoridae*
보통해리 *Castor Cliber Linnaeus*

오른쪽 아래턱에 제1, 2의 앞어금니(P₂, P₁)가 있다. 이빨의 완곡부분은 크지 않으며 이빨구열(溝裂)은 이빨 뿌리쪽으로 연장되었다. 보통해리는 홍적세 중기의 큐비에르 해리 *Trogontherium Cf. Cuvieri Fischer*와 같이 공존되었다.

창고쥐과 *Cricetulidae*
창고쥐속 *Cricetulus Milne-Edwards, 1867*
창고쥐 *Cricetulus SP.*

오른쪽 아래턱의 보존이 양호하다. M₁-M₃이 있고 앞이빨(門齒)은 없다. 치열 길이는 5. 6mm이다.

발쥐 *Auicola SP.*

왼쪽·오른쪽 아래턱이 각각 1점씩 있다. 상당히 완정한 아래턱의 치열 길이는 5·8mm이다. 이 표본의 크기와 구조는 동북지구에서 흔한 현생 발쥐와 대단히 유사하다.

두더쥐와 *Spalacidae*
두더지속 *Myospalax Laxmann, 1769*
동북두더지 *Myospalax CF. psilulus Miline-Edwards*

두개골, 아래턱의 어금니. 두개골의 정수리 부분은 평탄하고 눈구멍은 배모양(梨形)이며 머리 뒤쪽 가로 능선(脊) 중간부분은 뒤쪽으로 확대되었다. 아래턱뒤뿔 부분 및 위쪽 저작면은 깊고 크다. 아래 어금니 바깥쪽의 구열(溝裂)은 대단히 깊다.

길림 두더지 *Myospalax epsilanus Thomas*

좌우 아래턱에는 앞어금니와 어금니가 있다. 제3어금니(M3)의 후엽(後葉.post-1ob e.둥근 돌출부)은 상당히 퇴화되었는데 이것은 동북두더지의 중요한 특징이다.

식육목 *Carnivora Bowdieh*
이리과 *Canidae Gray*
이리속 *Canis Linnaeus, 1758*
이리 *Canis Lupus Linneus*

오른쪽 아래턱에는 앞 4번째 이빨, 제1, 2, 3어금니(P_4-M_3)가 있는데 어금니의 마모는 심하다. 치열의 길이는 100mm이고, 아래턱의 수평가지의 높이는 3.56mm이다. M_1, M_2와 M_3 길이, 너비의 수치를 동북, 내몽고 현생 이리와 비교하면 유수(楡樹)의 이리 화석은 기타 각지에서 발견된 현생 이리보다 상당히 크다.

왼쪽 아래턱에는 견치, 제1, 2, 3, 4의 앞어금니(C, P_2-M_3)가 있다. 아래턱은 상당히 직선적이고 길이는 145mm이다. 치열길이(P_2.P_3)는 69mm이고, 아래턱까지 수평높이는 32mm이다. 견치와 M_1의 바깥쪽의 마모가 심한데 더욱 M_1의 후엽(後葉. post-1obe) 부분은 거의 마모되어 뿌리에 이르렀다. 이 표본의 개체는 크지 않다.(도 5)

여우 *Vulpes Frish, 1775*
북방여우 *Vulpes Vulpes Cf. thiliensis Matchie*

견치, 오른쪽 아래턱에는 견치, 제1, 2, 3, 4의 앞어금니와 제 1,2의 어금니(C, P_2-M_3)가 남아 있다. 아래턱 뒤끝의 상승부분은 파괴되었으며 아래턱뼈 길이는 104mm이다. 치열 길이는 56mm, 견치와 P_1사이의 공간 길이는 10mm이다. M_3 이빨의 첨단부분은 둥글게 되었고 M_1은 이빨 중 제일 커서 그 길이가 19mm이다. 이빨의 마모는 비교적 가볍다. 이 표본은 비교적 나이가 많지 않은 여우의 아래턱이다.

왼쪽 아래턱에는 제1, 2의 앞어금니 및 제1, 2어금니(P_1.P_2, M_1 · M_2)가 남아있으며 아래턱 뒤쪽 끝의 상승(上升)부분은 파괴 당하고 P_1의 부분만 보존되었다. 완정한 것은 P_2, M_1과 M_2이다. 아래턱은 현생종에 비하여 길고 크다. 다만 그 구조는 기본적으로 같다. 수평가지(枝)는 가늘고 길며, 비교적 일직선(平直)으로 상·하의 가장자리는 거의 평행이다. 하연(下緣)은 상당히 넓은 호(弧)형이다. 제1어금니(M₁)는 거칠고 이빨의 첨단부분은 둔화되었다. 이빨의 첨단부분의 예리함은 이리와 개 사이이다. M₂가 치열 중 가장 크다. M₃는 마모흔적이 보이지 않는다. 이 표본은 성년(成年)단계에 해당된다. (도 6)

이리 *Vulpes SP.*

오른쪽 아래턱에는 제2, 4의 앞어금니, 제1, 2, 3의 어금니(P₂, P₄, M₁-M₂)가 남아있다. 후단의 상승부분이 약간 파괴되었다. 수평가지는 가늘고 길며 비교적 일직선(平直)이다. 이빨구조는 현생종과 기본적으로 같다. 전체 이빨은 북방이리 것보다 약간 작다. M₁의 마모 정도가 상당히 심하다.

족제비과 *Mustelidae Swainson, 1835*
족제비속 *Mustela Linnaeus, 1758*
시베리아 족제비 *Mustela CF. Sibirca Palles*

두개골과 M¹. 두개골 후단이 파괴되었다. 거기에 우측 제4 앞어금니(P⁴)가 남아있다. 두개골은 현대의 표본과 같다. 양자의 주요 구별은 족제비 주둥이 부분(吻部)과 안광(눈구멍) 내부의 홈(凹)부분이 약간 넓은 것이다. 앞 턱뼈 전단부근이 수평으로 잘려진 형태인데 그것은 현대 표본과 같이 앞쪽으로 경사되지 않았다. 제4 앞어금니(P⁴)는 안쪽 소첨(內小尖)은 작다. 그것은 두개의 뾰족한것(雙尖內前方)의 앞쪽에 있다. 후자는 수직이다. 현대 표본은 안쪽 앞으로 경사되었다.

하이에나과 *Hyenidae*
반점 하이에나 *Crocuta Kaup, 1828*
최후 하이에나 *Crocuta Ultima Matsumodo*

오른쪽 위턱 잔손부분에 P_2, P_4의 이뿌리가 있다. 왼쪽 아래턱
에는 P_2-M_1이 남아있고 오른쪽 아래턱에는 P_4-M_1과 좌상(左上)
에 P_4가 있다.

위턱의 특징은 일반 하이에나와 같다. 치조 내에 하나의 M_1의
뿌리가 있다. 내첨 아래(內尖下面)의 이뿌리는 특히 크다. 거의
보통 것의 그 배이다. 그것은 노년의 이빨의 특징이다 · 하나의
완정한 P_4의 바깥은 그 마모정도가 치관 아랫선에 이르렀다.

아래턱 및 하절치(下切齒)의 일반형태는 중국의 다른 지구에서
발견된 동굴하이에나와 근접된다. 다만 M_1은 주구점(周口店)과 화
남에서 발견된 것보다 상당히 길다. 동시에 하차첨(下次
尖.hypoconid)의 흔적이 있다. 그러한 특징은 오르도스 출토의 표본
과 같다.

고양이과 *Felidae*
고양이속 *Felis Linnaeus, 1758*
호랑이 *Felis tigris Linnaeus*

아래턱에 제1어금니(M_1)가 남아있다. 전후 양엽(兩葉)으로 조성
되었다. 이빨은 상당히 예리하다.

장비목 *Proboscidae*
진코끼리과 *Elephantidae*
맘모스속 *Mammuthus Brnett, 1830*
진맘모스 *Mammuthus Primigenius Blumenbach*

맘모스 화석은 길림에서 발견된 동물화석 중 가장 많은 것 중의 하나이다. 약간 파손된 앞니, 어금니, 두개골편, 척추뼈와 사지뼈를 제외하고 상당히 완정한 이빨과 골격이 있다.

오른쪽 다리뼈는 둥근 기둥상이다. 길이 1,102㎜, 크고 작게 휘인 것으로 거칠고 크다. 크게 휘인 것은 앞쪽으로 뻗은 융기의 선(線)상이다. 무릎뼈 사이의 구멍은 크고 깊다. 깊이 38mm, 슬개골 뼈는 크고 윤택이 난다. 길이 154mm, 너비 109mm이다. 슬개골 상단에 비교적 큰 홈(凹)이 있다. 무릎뼈 위의 구멍은 크며 그것은 정삼각형의 홈이다. 슬개뼈 관절 양측의 결절(結節)은 발달되었다. 뼈 바깥 하단의 ⅓되는 곳에 하나의 뚜렷한 능선(脊)이 있다. (도 7)

왼쪽 팔뚝뼈: 뼈는 불규칙한 둥근 기둥형이다. 그 길이는 1,005mm이다. 팔뚝뼈의 머리부분은 상당히 크고 윤기가 난다. 바깥 결절이 발달되었으며 동시에 그것은 아래쪽을 향하여 뻗어져 있다. 아래쪽(하단)바깥쪽 되는 곳에 삼각형의 융기가 있다. 하단 뒷면의 관상와(冠狀窩)는 맘모스 오른쪽 다리뼈의 슬개골의 구멍(窩)보다 크다. (도 8)

왼쪽 정강이 뼈는 삼릉기둥형(三稜柱體)이다. 상단 관절면에 하나의 능선(脊)이 있는데 그것이 2개의 관절면으로 나누어졌다. 정강이뼈의 융기점은 뚜렷하지 않다. 뼈의 상단부분은 하단보다 크며 상단 안의 앞쪽은 거칠다. 상단관절면 앞끝에는 하나의 거

칠은 삼각형의 구멍(단홈. 凹)이 있다. (도 9)

왼쪽 앞이빨: 보존이 완정하다. 이빨은 불규칙한 호형(弧形)이다. 앞끝은 바깥으로 완곡되었다. 완곡선의 전체 길이는 1,920mm이다. 뿌리(根部)부분의 말단에서 전단(前端)의 직선 길이는 1,310mm이다. 후부 직경은 79mm이다. 상기한 수치와 같이 앞이빨과 대비하여 보면 그 표본은 암컷이다.

제2아래 앞어금니(DP_2), 씹는 면에 4개의 치판(齒板)이 있다. 이러한 유형의 표본은 드물다.

제4 위 앞이빨(DP^4), 이빨에는 12개의 치판(齒板)이 있다. 마모가 심하다. 위 제1어금니(M_1)는 마모가 시작되었다. 뒷면의 1-2개의 치판(齒板)은 탈락되었다. 정상적인 것은 치판(齒板)이 12개 있다. 이빨의 법랑질은 대단히 얇다.

왼쪽아래 제4 앞이빨(DP_4)의 씹는 면에는 7개의 치판(齒板)이 보전되어있다. 안쪽의 치판능선에서 보면 전면에 5개의 치판은 이미 마모되어 홈이 생겼다. 이 이빨은 잇병을 앓았다. 이빨 길이는 149mm이다.

왼쪽아래 제3 어금니(DP_3), 전면 2개의 치판은 이미 마모되어 홈이 생겼다. 씹는 면에는 6개의 치판이 남아있다. 이빨길이 108mm이다.

오른쪽 아래 제2 어금니(M_2)는 상당히 크다. 치판 법랑질 층의 두께는 보통이다.

씹는 면에는 15개의 면(齒板)이 있고, 이빨 길이는 275mm이다.

왼쪽아래 제2 어금니(M_2)의 혀측(舌側) 전단은 마모가 심하고 씹는 면에는 16개의 치판(齒板)이 있다. 씹는 면은 풍치로 인하여 치판(齒板)의 법랑질이 뚜렷하지 않다. 이빨길이는 212mm이다.

유수(楡樹)동물군 내에 맘모스화석의 수량은 상당히 많다. 그것들에 대해서 어금니 탁본과 사진을 자세히 제시한다.

송화강 맘모스 *Mammuthus sungari Chow et Chang*

아래턱에는 좌우 제2어금니가 있고, 거기에는 오른쪽의 제1어금니, 아래 제1어금니, 아래 제2어금니와 윗 제4앞어금니, 제1어금니와 윗 제3어금니, 왼쪽아래 제4앞어금니, 오른쪽 아래 제1어금니, 왼쪽 아래 제2앞어금니 등이 남아있다.

아래턱뼈는 삼각형이다. 뼈 앞쪽의 접합부분의 홈은 원추와 같은 돌기이다. 즉, 입술(吻部)부분이다. 접합선 길이는 146mm이다. 아래턱사이에 공간이 있는 M_1의 뒷 가장자리는 갑자기 넓어졌다. 아래턱뼈 바깥수평가지(水平枝)는 윤택이 난다. 상승가지(上升枝)에는 뚜렷한 구열이 있고, 교기면(咬肌面), 내측의 날개면 뒤쪽은 상당히 크고 깊은 아래턱 구멍이 있다.

상승가지 앞 내측면과 치조 사이의 구열(構裂)은 상당히 윤택이 난다.

아래턱 좌 우 양측의 턱구멍(孔)수량, 크기는 모두 다르다. 오른쪽 5개, 왼쪽 4개, 각 측면 상하 구멍은 중간부위의 구멍(孔)보다 크다. 아래턱 아랫선 바깥의 입술돌기(吻突)방향까지의 사이에 연속된 반원형이 있다.

수평가지(枝)는 M_2 제1 이빨선으로부터의 너비는 112mm, 제7 이빨 능선으로부터의 너비는 178mm이다. 수평가지는 상기한 부위의 높이로부터 243mm와 196mm로 나누어졌다.

그 표본은 진맘모스 아래턱보다 크고 두터우며 수평가지 상승가지는 높고 길다. 입술돌기(吻突)부분은 상당히 길고 접한선의 구열(構裂)은 비교적 좁고 얇다.

오른쪽 아래 제2 어금니(M_2)는 완정하며, 모두 15개의 치판을 가졌다. 씹는 면의 앞은 좁고 뒤는 넓다. 입술면의 제7개 치판(齒板)은 가장 넓다. 씹는 면의 길이는 238㎜이다. 전체 이빨 마모 정도는 가볍다. 다만 앞혀면의 1-5치판에는 마모 흔적이 있다. 제1-2 치판은 마모가 더 심하고 다만 입술면에만 부분적으로 잔존되어 있다. 혀측면(舌側面)에는 치판이 보이지 않는다, 혀면(舌面)에 가까이 있는 마지막 1개 치판은 두개의 젖꼭지형 구멍이 있다. 마지막 2개 치판은 중간에서 입술방향으로 향하여졌는데 그곳에는 3개의 젖꼭지형의 구멍이 있다. 전체 이빨은 입술면(脣面)에서 혀면(舌面)으로 경사되었다. 치판배열은 비교적 회미하다. 치판의 최대간격은 140mm이고 법랑질층은 상당히 두터운 보통 20~40mm이다. 치판의 주름은 불규칙하다. 제11-13치판 중간에 움푹패인 현상(盆動)이 있다. 치판 빈도율은 6.5이다.

왼쪽 아래 제2 어금니(M_2)는 오른쪽 아래 M_1보다 짧고 뒷부분 역시 좁다. 씹는 면상에 14개의 치판이 남아있다. 혀면(舌面)에 가까이 있는 제1치판은 상당히 편평하며 중간에는 하나의 타원형의 젖꼭지형 돌기가 있다. 제10~14개 치판은 모두 마모되었다. 이 소수의 이빨의 크기는 일정하지 않다. 그리고 수량이 불일치한 둥근원과 타원형 젖꼭지형 돌기가 있다. 젖꼭지형 돌기는 앞쪽 것이 크며 편원형이다. 그것은 전면이 후면보다 마모가 심하다는 것을 보여준다. 치판의 최대간격은 제7, 8치판이 혀면(舌面) 가까이 있는 것으로서 140㎜이다. 씹는 면의 중심선에 움푹 패인 홈의 현상은 없다. 치판 법탕질의 주름 정황 및 빈도율은 아래 어금니(M_2)와 같다.

표 어금니 실측과 비교(단위:mm)

표 본	송화강모스		전맘모스	
	오른쪽	왼쪽	오른쪽	왼쪽
치판(齒板)	150	140	220	200
최 대 길 이	238	234	185	171
최 대 넙 이	110	104	81	82
치판최대너비	43	32	41	46
치판최대간격	14	14	9	6
치판빈도율	65	65	100	100

표본 실측 묘사와 비교에 따르면 송화강 맘모스와 진맘모스 아래턱, 어금니의 구별은 다음과 같이 각기 다른 것을 볼 수 있다.

젖니(dP₄), 전면이 이미 마모, 다만 후면의 5개 치판의 중앙 부분이 남아있다. 각 치판은 내·외 두 마디(兩節)로 나누어진다. 바깥의 한 마디는 상당히 길고 뒤쪽으로 경사되었다. 치판 간의 간격은 각 1개 치판의 너비보다 크다. 씹는 면 너비 450mm, 또 다른 하나의 표본은 비교적 완정하고 씹는 면의 길이는 1,060mm, 너비 610mm이다.

차이 ＼ 종류	송화강 맘모스	진 맘모스
개 체 크 기	크다	작다
수 평 가 지 (枝)	길고 높다	짧고 낮다
상 승 가 지	길다	짧다
입 술 돌 기 (吻突)	길다	짧다
아 래 턱	작다	크다
접 합 부	높다	낮다

접합선 및 중간홈	접합선길고, 중간 구열은 길고 다소 넓고 깊다	접합선 짧고, 중간 구열 짧고 약간 좁고 얇다.
어 금 니	치판배열 불균형, 주름살 거칠고 불규칙, 법랑질층 상당히 두텁고 중심선상에 홈현상. 이빨빈동율 적다.	반 대 현 상

이빨은 10개의 치판을 가졌다. 뒷면 4개 치판의 내측 부분은 중심 가까이 홈이 파졌다.

제1위어금니(M1), 이 이빨은 12개의 치판을 가졌는데 길이 170mm로 백악질층이 상당히 두텁다. 이빨은 마모되었다. 각 1,000mm 거리 내에 7개의 치판이 있다.

제3위 어금니(M^3)는 뒷부분이 깨졌다. 이 이빨은 상당히 크다. 더욱 그 넓이도 크다. 씹는 면의 길이 1,700mm, 최대너비 1,160mm이다. 제5치판의 후면 약 ⅓이 떨어져 나갔다. 전면 두 개의 치판이 이미 마모되어 중앙과 연결되었다. 제3에서 제6의 치판까지 내·외 두 부분으로 나누어졌다. 외부는 앞쪽으로 움푹 홈이 파졌고 이빨 중앙선 부분은 바깥측 가까이에서 앞쪽으로 뾰족하게 돌출되었다. 치판의 배열이 대단히 균일하다. 각 치판 중간의 이빨질층과 치판의 백악질층은 대체적으로 같은 두께이다. 각 1,000mm 거리 내에 치판이 8개 있다.

왼쪽 아래 제4 앞어금니(DP4)는 입술측(脣側)앞부분이 심하게 마모되었다. 치판 법랑질 층은 상당히 두텁고 씹는 면에는 12개의 치판을 가졌다. 이빨길이 175mm.

오른쪽 아래 제1어금니(M_1)의 씹는 면에는 12개의 치판이 있고, 그 법랑질층은 대단히 두텁다. 앞부분의 마모는 심하다. 제6, 7치판에는 움푹 패인 홈이 있다. 이빨길이 178mm.

왼쪽 아래 제2앞어금니의 씹는 면은 4개의 치판이 있다. 법랑질층은 상당히 두텁고, 제2, 3의 치판은 약간 뒤틀렸다. 이빨길이 72mm.

기제목 *Perissodactyla Owen*
말과　　*Equidae*
말속　　*Equus Linnaeus, 1758*
보통말 *Equus Caballus Linnaeus*

오른쪽 아래턱에 P_2, P_3이 남아있고, 슬개상 돌기 및 새부리형 돌기, 앞이빨부분 등이 보전되었다. 아래턱 아랫선은 평행선이다. M_3뒤 가장자리의 수평가지의 높이는 130mm이고, $P_4 \cdot M_1$사이의 수평가지(枝)의 높이는 76mm이고, $P_2 \cdot P_3$사이 수평가지 높이는 66mm이며 볼쪽 이빨 단면의 길이는 173mm이다. 쌍엽(雙葉)은 "보통 말(馬)"형이다. P_3 및 P_4의 바깥 구열 및 뒤쪽 구열에는 작은 가시(小刺)가 있다.

프리제발스키 야생말 *Equus przewalskii poliakof*
두개골이 상당히 길다. 이마·코·안광은 홈(凹)이 없는 편편한 모양이다. 앞이빨 구멍상 면사이의 턱뼈에는 뚜렷한 결절이 없다. 윗 앞이빨은 크며 법랑질이 변연의 주머니상 구덩이(坑)로 발달하였다. 앞어금니 위에 뚜렷한 "말가시"(馬刺. Plicabalus)가 있다. 어금니 상에 "말가시"는 뚜렷하지 않다.
아래턱. 길이 402mm, 높이 95mm, M_3후연 수평가지는 높이 102mm, P_4와 P_2와 P_3의 수평가지의 높이는 각각 71mm, 57mm 이고 볼쪽 이빨 절단면 길이 65mm, 이빨 없는 곳의 길이는 69mm이다. 이 표본은 성년 개체의 아래턱이다.

왼쪽 아래턱, 오른쪽 아래턱에 이빨부분이 부착되어 있으며 슬개상 돌기 및 새부리형 돌기는 보존되어 있지 않고, P_2도 없다. 아래턱은 상당히 크며, 아래턱각(角)은 뚜렷하지 않다. 아래턱 아랫선은 직선이며, 평탄하다. M_3후연 수평가지는 높이 102mm, P_4 · M_4사이의 길이 높이 75mm, P_2 · P_3 사이 수평가지는 높이 55mm, 볼쪽 이빨 절단면 길이 171mm, 이빨의 길이 86.5mm이며 앞어금니는 크고 주머니 상의 구덩이(坑)를 가지고 있다. "쌍엽(雙葉)"의 형상은 "보통말"형이다. 즉, 아래 하후부첨(mtsd)은 상당히 좁다. 그것의 정상부분은 상당히 뾰족하다.

조랑말 *Equus hemionus Pallas*

두개골, 뒷머리 부분 및 정수리뼈가 없고 완정한 볼쪽 이빨만 부착되었다. 좌상 제1이빨(I^1)은 빠졌다. 두 개골은 중간형이고 얼굴부분은 짧고 높다. 두개골 이마 코 부분에는 뚜렷한 홈(凹.)이 있다. 앞이빨 구멍 상의 턱뼈면 상에 하나의 결절이 있다. 이빨이 없는 곳의 길이 103mm, 볼쪽 이빨 치열길이 115mm, 윗앞이빨형은 크며 모두 발달된 주머니 상의 구덩이(袋狀坑)을 가졌고 그 안에 백악질이 가득 차있다.

제1 앞어금니는 대단히 작아서 길이 10mm, 너비 5mm이다. 앞이빨 및 어금니에는 모두 "말가시"가 없다. 제1 윗어금니의 원첨(protocone)의 길이 10.5mm, 원첨(原尖.protocone)지수는 47.7이다. M^2의 원첨 지수는 43.3이다. 그 표본은 성년의 암컷의 두개골이다. 아래턱에는 부분적으로 앞어금니가 부착되어 있다. 그것의 수직가지는 보존되어 있지 않다. 아래턱은 상당히 작다. 아래턱각(angulus mandibulae)은 뚜렷하다. M_3의 뒷선의 수평 표준높이

96mm, P_4와 M_1사이 수평가지 높이 71.5mm, P_2와 P_3 사이의 수평가지 높이 60mm, 볼쪽 이빨 절단면 길이 148mm, 이빨없는 곳 (齒隙 또는 虛位. Diastema) 길이 96mm, 앞이빨에는 모두 주머니상 구덩이가 있다. "쌍엽"형상은 말형(Stenonis)과 "보통말"형 사이의 과도형이다. 하후첨(下后尖. metaconid)은 원형이다. 하후부첨(下后附尖mtsd)은 편원형이다.

코뿔소과 *Rhinocerotidae Gray*
이마뿔 코뿔소아과 *Dicerorhinae*
빈아빨 코뿔소속 *Coelodonta Brown, 1831*
털코뿔소 *Colodonta antiquitatis Blumenbach*

두개골에는 P^4-M^1 부착되었다. 두개골은 장형(長形)이다. 안광 사이의 이마뼈는 넓고 돌기되었다. 그리고 뒷면으로 정수리가 수축되었다. 그 양측도 안쪽으로 수축되었다.

뒷머리부분은 융기되었고 뒤로 뻗어져서 뒷머리부분은 예리한 각을 가진 경사도를 이루었다. 코뼈전단은 완곡되어 호(弧)형을 이루었다. 콧구멍은 상당히 길고, 콧구멍 뒷선은 P^4의 앞에까지 이르렀다. 코 중간막은 이미 없어졌다. 코뼈와 이마뼈 위에 많은 혹이 돋아났다. 즉 두개의 뿔이 있는 곳이다. 전체 두개골은 상당히 거칠다.

윗어금니는 복잡하게 조성되었다. 바깥 능선(脊. ecto1oph)의 외벽에는 두개의 뚜렷한 주름(fold)이 있다. 원능선(原脊)과 뒤쪽 능선(后脊. metaloph)은 뒤쪽으로 경사되었으나 두 능선 모두 평행하다. 두 능선의 내외벽과 이빨저면은 수직이다. 작은가시(小刺. crista)가 대단히 발육되었고, 앞가시(orochet)는 P^4상에 있는

데 위축되었다. M^1 및 M^2의 쪽은 비교적 강하다. 마모 후 앞가
시, 작은가시는 연결되어 하나의 일직선상의 3개 구멍(fossot)을
만들었다. 앞구멍(prefossette)은 작고, 뒷구멍(postfossette)은 대단
히 큰 원추형이다. M^2의 길이 60.5mm는 기타 윗어금니의 길이
를 초과한다. M^3의 앞 능선(脊)은 뒤쪽으로 휘감겨 뒷능선은 약
해졌다. 전체 이빨은 편삼각형이다.

길림털코뿔소 *Coelodonta antiquitatis Chilnesis Sub SP.*

완정한 두개골에는 P^4-P^3이 부착되었다. 코뼈와 이마뼈의 뿔
(角)자리는 거칠며 많은 혹이 돌기되었다. 코뼈의 앞 상단이 돌기
되면서 앞쪽 아래로 굽어져서 호(弧)형을 이루었다. 코뼈의 뾰족
나온 부분은 거칠고 크다. 코뼈 중간막은 두텁다. 콧구멍은 전형
적 털코뿔소보다 약간 길고, 안광 아래 구멍의 직전에 있으며 뒤
쪽에는 타원형으로 가벼운 홈이 있다. 이마뼈와 정수리뼈는 융기
되었다. 양자 사이는 말안장 형태를 이루었다.

양측 시상능선(矢狀脊)은 이마뼈로부터 뒷머리능선 쪽으로 뻗
었다. 그것은 전형적인 털코뿔소보다 좁다. 관자놀이 구멍의 상한
은 전형적 털코뿔소와 같이 편평하지 않고 양쪽으로 가볍게 돌출
되었다.

윗머리뼈 능선은 두텁게 아래쪽으로 완곡되었다. 정수리뼈 평
면과 뒷머리뼈평면은 협각(夾角)이 이루어졌다. 뒷머리 능선은 전
형적 털코뿔소보다 작다. 뒷머리 능선 중간에 크게 절단된 흔적
이 있다. 윗머리뼈 인부(鱗部)는 기복이 없다. 인부 중앙과 양측
에 뚜렷한 홈이 있다. 이빨의 형태 구조는 전형적 털코뿔소의 것
과 같다.

아래턱에 P_2-M_2가 부착되었다. 좌우아래턱의 결합된 곳은 상당히 넓다. 뒷가장자리는 방원형(方圓形)을 이루었다. 치관 전엽 외벽 평면상에 미세한 주름이 있다. 그래서 전엽이 방형에 가깝게 되었고 후엽은 초생달형이 되었다. 어금니의 전엽은 후엽보다 길다.

우제목 *Artildactylo Owen*
멧돼지과 *Suidae Gudae*
멧돼지속 *Sus Linnaeus, 1758*
멧돼지 *Sus scrofa Linnaeus*

두개골에는 좌: P^1-M^3, 우: M^2-M^3이 부착되었다. 코뼈 첨단부분 및 앞턱뼈가 약간 상하였다. 뒷머리측에 돌기된 것은 절단되었다. 두개골과 이빨의 마모정도에 의하면 이 표본은 노년의 암컷이다. 두개골은 좁고 길다. 그러나 코뼈와 앞턱뼈는 모두 길다. 코뼈는 제1 어금니의 윗부분이 앞쪽으로 뻗어서 앞턱뼈와 나란히 가늘고 좁은 입술 부분을 조성하였다. 안광 전후의 노정골 부분은 모두 낮고 편형하다. 뒷머리도 납작하나 뒷머리 기저부는 강하게 돌기되었다. 뒷머리 뼈구멍은 높다. 측후두(側后頭)돌기는 뒷머리 슬개골뼈 앞에 있는데 그것은 가늘고 길다. 안광 아래 구멍은 상당히 크다. 그것은 제1어금니 전엽(前葉)에 있다.

아래턱에는 앞이빨, 좌: P_2, M_1-M_3, 우: P_3-M_J등이 부착되었다. 아래턱뼈는 상당히 길다. 이빨뼈의 연합부분은 앞쪽으로 뻗었고 그 중앙 부분에는 가볍게 홈이 생겼다. 그것은 수저형이다.

이빨은 낮은 관구(冠丘)형이다. 앞이빨은 길고 앞쪽으로 뻗었다. 견치는 상당히 크며 양측으로 뻗었다. 앞어금니 구조는 간단한 열치형(裂齒形. M_1)이다. 어금니 구조는 복잡하다. 그것은 4개의 왜소한 원추형 치첨(齒尖)으로 조성되었다. 마모정도가 가벼운 개체 치관 상에는 4개의 원추형 치첨 외에 많은 소첨(小尖)이 있는데 제3어금니에 제일 많다. 제1어금니는 비교적 간단하다. 그것은 장방형으로 전후 2개 부분으로 나누어져 있다.

사슴과 *Cervidae*
사향노루아과 *Moschinae*
사향노루속 *Moschinae Linnaeus, 1758*
향노루 *Moschus SP.*

왼쪽 제2어금니(M^2)의 이빨은 상당히 작다(길이 8.5mm, 너비 9.7mm). 법랑질은 대단히 얇으며 각 첨단부분은 능형이다. 중부첨(中附尖.j mesostyle)은 대단히 발달되었다. 이빨 후엽 내의 월형(月形)홈 내측에는 하나의 부가된 작은 가시(小刺. spur)가 발육되었다.

사슴아종 *Cervinae*
큰뿔사슴속 *Megaloceros Brookes, 1828*
오르도스 큰뿔사슴 *Megaloceros ordosiarnus Young*

오른쪽 뿔 앞면의 세로 능면은 짧지만 뚜렷하고 그 뒷면은 편평하다. 뿔의 전면 외에 양측 및 후면의 바깥 표면에는 거칠은 가로의 구열(構裂)이 있다. 뿔마디는 위로 20mm 융기되었다. 뿔은 대단히 기울어지고 단면은 긴 편원형이다. 그것의 최대 직경은 42.5mm, 최소 직경은 37mm이다. 뿔의 핵심가지의 단면은 원형이고 첫 번째 가지(弟一枝)는 경사졌고, 뿔표면에는 거칠고 가늘은 홈문양 및 뚜렷하지 않은 작은 종기 같은 혹이 있다.

이마뼈에는 다만 앞이마와 좌우 뿔자리가 남아있다. 앞이마의 정수리부분과 얼굴부분은 뿔이 교차된 모습이다. 이마뼈는 뿔 사이에서 가볍게 융기되었다. 안광의 위에는 가볍게 아래쪽으로 홈이 파졌다. 두개 뿔자리 기저부 사이의 거리는 35.5mm이다.

뿔자리는 둥글다. 직경 60mm이다.

말사슴아속 *Cervice smith, 1829*

동북말사슴 *Cerwus xamthopygus Milne-Edwards*

완전한 두개골에는 좌우에 두개의 쌍뿔이 부착되었다. 두개골은 코뼈가 파손된 외에 기타부분은 완정하다. 위턱에는 좌, 우 제2앞어금니로부터 제3어금니까지 부착되었다. 제2, 3앞이빨은 마모되었다. 좌우의 두 뿔은 완정하며 각각 4가지의 뿔을 가졌다. 두 뿔은 뿔의 마디 기저부에서 제4가지 뿔끝까지의 길이가 790mm이며 내측은 670mm이다. 뿔마디 사이의 거리는 75mm이며 첫 번째 가지(弟一枝)저부와 뿔마디까지는 55mm이고 첫 번째 가지 사이는 34mm이며, 그 길이는 17mm, 제2가지 길이는 121mm이다. 이 표본의 완정성은 중국 사슴류 화석 중에 많지 않은 예이다.

네뿔 사슴속 *Eelaphurus Milne—Edwards, 1988*

네뿔 사슴 *Eelaphurus davianus milne—Edwards*

안 오른쪽 앞뒤에 두 가지를 가지고 있다. 앞뿔에는 두 개의 완정한 뿔가지를 가지고 있고 뒤의 것은 위쪽으로 뻗었다. 그 뿔

의 형상과 기타 사슴 것과는 다르다. 다만 그것은 동북 현대 네
뿔 사슴과 같다. 암컷의 뿔이 없는 특징에 따르면 이 표본은 수
컷이다. 이것은 길림경내의 유일무이한 네뿔사슴 표본이다.

이빨사슴과(齒鹿亞科) *Odocoileinde Pocock, 1923*
낙타사슴속 *Alces Gray, 1821*
낙타사슴 *Alces alces Linnaeus*

이 왼쪽 뿔에는 뿔마디, 핵심가지와 손바닥 상의 뿔의 한부분
이 남아있다. 뿔마디는 둥글고 크다. 직경 74mm이다. 핵심가지
는 원형이다. 직경 45mm, 개별적으로 나누어진 가지는 없다. 뿔
마디로부터 120mm되는 곳에 핵심가지가 있는데 그것은 편평하
다. 앞쪽으로 뻗은 손바닥상(형태)의 뿔은 전면에 있으며, 약간
안쪽에 홈이 생겼다. 핵심가지 상의 홈문양에서 손바닥형태까지
는 방사선으로 분포되어 나뭇잎 같다.

노루속 *Capreolus Frish, 1775*
동북노루 *Capreolus manchuricus Noack*

이마뼈, 정수리부분에 좌·우 뿔이 부착되었다. 뿔마디에서 제
3가지까지 뿔끝 길이 165mm, 제2가지 끝가지는 172mm이다. 핵
심가지 후측에 많은 혹이 나와 있다. 핵심가지에는 많은 가로홈
이 파져있다.
왼쪽뿔은 편원(扁圓)하다. 제2분지(分枝)가 뿔마디로부터 위쪽으
로 106mm되는 곳에 자랐다. 길이 20.5mm, 제2분지로부터
55.4mm 거리이다. 핵심가지는 또한 뒤쪽으로 완곡되었다. 길이

71mm의 제3분지는 뿔상에 구열이 없다. 그 안쪽에는 많은 대소 형상이 불일치한 돌기가 있다. 뿔은 윤택이 나 있지만 구열은 없다.

오른쪽 아래턱뼈에는 P2-M3이 부착되어 있고 아래턱 뒤끝이 파손되었다. 이빨은 상당히 작고, 치관은 높고 법랑질(enamel)은 얇다. P4는 간단형이다. 하전첨(下前尖)과 하후첨(下后尖. meta-conid)은 함께 결합되지 않았다. 전후엽(葉)사이의 바닥기둥(底柱)은 상당히 발육되었다. 아래이빨 전엽의 앞쪽에 하나의 작은 주름이 있다.

소과 *Bovidae*
소아과 *Bovinae Gill, 1872*
완스죠키 물소 *Bubacus wansjecki et Teichard*
물소속 *Bubalus Smith, 1827*

비교적 완정한 두개골, 두 뿔 사이의 거리는 상당히 짧다. 뿔심(角心)은 위쪽으로 올라갔으며 두 뿔심과 이마뼈는 연결되어 작은 초생달형을 이루었다. 뿔기저부와 뒷머리능선(脊)사이의 노정골 구멍(窩)은 옛 소보다 넓다. 그리고 정수리뼈와 뒷머리뼈 양면은 둔각(鈍角)을 형성하였다. 이마 바깥능선은 거칠고 뿔심 가로 절단면은 등요(等腰)삼각형이다.

제3윗어금니는 방형으로 원첨(原尖. protocone), 차첨(次尖. hypocone)바깥의 ½되는 곳에 안쪽으로 홈(凹)이 있다. 마모 후 두 첨단 부분은 긴 원형이 되었고, 어금니 내측, 아래 어금니 바깥측, 양엽(葉)사이의 저부 기둥은 대단히 발달되었다. 그 크기와 특징은 완스죠키 물소와 같다.

소속 *Bos Linnaeus, 1758*
옛소 *Bos Primigenius Bojanus*

뿔심(角心)은 대단히 크며 바깥 위쪽으로 감아 올라가듯 이루어졌으며 가로단면은 원형이다. 뿔위에 뚜렷한 가로홈이 있다. 뿔의 직경은 위로 올라가면서 체감되었다.

제3위어금니(M^3)는 불균형의 반원형이다. 원첨과 차첨부분은 마모되어 편원형을 이루었다. 저부기둥은 상당히 발육되었다.

옛소 아종 *Bos Primigenius Bojanus Subsp.*

오른쪽 아래 M_2의 1매의 너비(길이 **39mm**, 너비 **17.4mm**) 그리고 이빨 전후의 능선은 안쪽으로 감싸졌고 전후엽(葉)은 주름의 반원형을 형성하였다.

들소속 *Bison smith, 1827*
동북들소 *Bison exiguus Matsmoto*

두개골: 뿔심은 대에서 소로 점점 작아졌다. 그것은 뒤쪽 아래로 경사되었고 뒤쪽(后向)과 두개골 종축(軸)은 70°가 되었다. 그것은 위쪽으로 완곡되면서 어느 것은 뾰족하며 이마뼈와 평행선을 이루었다. 또 어느 것은 이마면보다 현저히 높이 솟았다. 뿔의 가로단면은 원형 또는 반원형에 가깝다. 뿔의 첨단부분은 바깥을 향하여 회전된 것 같다. 뿔기저의 능선 및 가로 구열(溝裂)은 뚜렷하다. 안광은 대릉형으로 앞으로 돌출되었으며, 뒷머리뼈는 상당히 발육되었다.

위 어금니의 전·후엽의 너비는 일치하지 않는다. 전엽은 크고 후엽은 작으며 이빨은 반원형에 가깝다. 원첨, 차첨은 마모되어 편원형을 이루었다. 치관면 상의 법랑질층의 주름은 간단하며 저부기둥은 대단히 가늘다. 아래어금니는 편(扁)장방형을 이루었고 제3 아래 어금니의 뒷축(talon)은 초생달형(seleno- dont)으로 그것이 바깥으로 뻗어난 것은 물소와 현저한 차이가 있다. 왼쪽 아래 호골(胡骨)에는 P_3-M_3이 부착되어 있다. 아래턱뼈 길이는 260mm, 치열은 135mm이다. 이빨은 거의 반원형이다. P_3은 상당히 간단하고 M_1-M_3의 치관의 높이 30mm, P_3의 높이 24mm이다. 치관면의 법랑질(enamel)주름은 상당히 간단하다. P_3, M_1에는 저부기둥이 보이지 않는다. M_3은 막 자라기 시작하였으며 이빨 마모 정도는 가볍다. 이빨의 구조는 보통 들소와 같다.

동북들소 전형 아종 *Bison exiguus skinner etkaison*

완정한 두개골: 뿔심은 거칠고 길며 뒤쪽으로 경사되었다. 또한 그것은 뚜렷이 위로 올라가면서 완곡되었다. 뿔 첨단부분이 이마뼈보다 높다. 이마뼈 평면협각은 상당히 작다. 뿔 가로 절단면은 거의 원형이다. 뿔 첨단이 다소 뒤쪽으로 회전되었다. 뿔 저부의 능선과 가로홈은 대단히 뚜렷하다. 이마뼈는 넓고 납작하다.

아래 어금니는 경사진 장방형이며 그것의 원첨단, 차첨단 부분은 거의 원형이다. M_3의 뒷축은 초생달형으로 바깥으로 돌출되었다.

동북들소 휘인뿔 아종 *Bison exiguus Curvicornis Skinner et Kaison*

뿔심은 가늘고 짧다. 뿔심은 두개골과 비교하여 현저히 작다. 그것의 길이 ⅓되는 곳에서 아래쪽으로 경사되었다. 뿔첨단부분은 위쪽으로 향하였고 그것은 이마뼈를 넘어섰다. 가로 절단면은 거의 반원형이고 뿔 첨단면은 바깥으로 회전되지 않았다. 뿔심의 가로 홈은 뚜렷하다 이마뼈는 납작하다. 뒷머리뼈 능선은 아래쪽으로 돌출되었다.

동북 들소 하르빈 아종 *Bison exiguus harbinensis et Kaison*

완정된 두개골: 뿔심은 짧고, 그 길이의 ⅓되는 곳에서 아래로 경사되었다. 그것은 이마뼈보다 낮다. 그러나 그것은 가볍게 상승되어 이마뼈와 거의 평행이다. 가로단면은 원형에 가깝다. 이마뼈 후연과 이마뼈 사이에 하나의 융기가 있다. 뿔심이 뒤로 향한 경사 또는 동북 들소 휘인뿔 아종과 비교하여 크다. 뿔첨단부분은 휘인 뿔 기부(基部)의 능선과 가로홈이 뚜렷하지 않다.

영양아종 *Antilopinae Baird, 1857*
영양속 *Gazella Balainville, 1816*

왼쪽뿔: 그것의 첨단 부분은 파손되었으며 보존된 길이는 71mm 이다. 뿔은 편원형, 전후의 길이가 좌우 너비보다 크다. 뿔 표면 상에 많은 가로 구열(溝裂)이 있다. 뿔의 바깥 뿌리 부근에 하나의 뚜렷이 잘려진 흔적이 있다. 인공이 가한 것으로 보인다. 뿔의 크기와 형상은 내몽고 사라오소골 프리제발스키 영양과 같다.

오른쪽 아래 어금니: 보존 상태가 완정하다. 치관은 높고 저부 기둥은 없으며 씹는 면의 각 첨단부분은 마모되어 장방형이다.

2. 안도(安圖)동물군

쥐토끼 *Ochotona SP.*

좌 아래턱 잔편에 P_4-M_1이 부착되어 있다. P_4-M_1의 안팎 양측에 모두 두 개의 작은 능선이 있다. 이빨 내측이 그 외측보다 약간 높으며 치열이 씹는 면 쪽으로 경사되었다. M_3은 대단히 작고 그것은 개별적 이빨능선(脊)을 가졌다.

호랑이 *Felis tigris Linnaeus*

좌 아래턱뼈 잔편에 P_3-M_3이 부착되어 있다. 제3 앞어금니의 원첨(原尖. protocone)부분은 이미 파손되었고 아래 전첨(前尖.paracone)부분은 내첨(內尖)보다 낮다. 제1어금니의 길이는 3.1*mm*, 후엽은 전엽보다 크고 넓다.

곰과 *Ursidae*
황곰속 *Ursus Linnaeus, 1758*
황곰 *Ursus arctos Linnaeus*

좌아래 견치, 우 **M2**가 각각 1매씩 부착되었다. 견치는 무딘 원추형이다. 약간 바깥쪽으로 경사되었다. 치관은 짧고 윤택이 난다. 제2윗어금니 전단(前端)이 후단보다 넓다. 씹는 면의 앞쪽이 뒤쪽보다 약간 낮다.

최후 하이에나 *crocuta ultima Matsrnoto*

파손된 두개골 1편과 오른쪽 위 견치 1매가 남아있다. 견치는 크고, 그것의 가로 단면은 타원형이다. 치관 표면상에는 가로홈 (溝)이 없다. 파손된 두개골은 다만 노정골편이다. 뒷면 침골(枕骨) 인부(鱗部)는 삼각형이며 침골 외 결절 양측은 홈이 생겼다. 시상능선(矢狀脊)은 특별히 발달되었다.

진 맘모스 *Mammuthus primigenius Blumenbach*

아래턱뼈 1편에는 좌우 Dp_3이 각각 1매씩 있다. 앞어금니 3매, 발꿈치뼈 1매가 있다. 아래턱뼈는 파손되었다. DP_3의 길이는 62 mm, 너비 35mm, 높이 19mm이다. 씹는 면에는 8개 치판이 있다. 배열이 일정하다. 법랑질층은 대단히 얇다. 가벼운 주름이 있다. 이빨의 마모 정도는 가볍다.

위 제3어금니는 2매이다. 그 중 1매는 상당히 완정하다. 길이 64mm, 너비 26mm, 치관높이 31mm이다. 8개의 치판이 있다. 앞 3개 판은 마모되기 시작하였다. 제1치판은 강한 소형의 주름이 있고, 법랑질층은 두텁다. 발꿈치 결절은 상당히 거칠다. 굴지구(屈肢溝. 구부리는 부분)는 좁고 깊다. 그 하단과 발톱뼈와의 접촉된 관절은 넓고 납작하다.

털코뿔소 *Coelodonta antiquitatis Blumenbach*

파손된 좌아래턱뼈편에는 M_2-M_3가 부착되어 있다. M_3은 2매, 팔뚝뼈 2편, 발바닥뼈 2편 등이다. 왼쪽 아래턱뼈에 부착된 M_2, M_3등의 치관의 법랑질 표면에 모두 뚜렷한 주름이 있다. 전엽은 방형에 가깝고 후엽은 초생달형이다. 전엽은 후엽보다 길다. M_2

의 길이는 52㎜, 전연(前緣. anterior cingulum)너비 22㎜, 후연
너비 19㎜이고 치관 높이는 34㎜이다. 팔뚝뼈는 완전한 좌팔뚝이
다. 그 뼈자체는 불규칙한 둥근 기둥체이다. 상단은 넓고 하단은
좁다. 활차(滑車)양쪽에 대단히 발달된 결절이 있다. 중간 가로단
면은 편원형이다.

프리제발스키 야생마 *Equus przewalskii poliakof*

동굴에서 발견된 동물화석 중 야생마가 가장 많다. 화석으로는
위 앞이빨, 아래턱, 독립된 앞어금니, 어금니, 손바닥뼈(掌骨)와
발바닥뼈(尺骨)등이다.

1점의 위턱에는 좌 I^2과 우 I^2 ,I^2가 부착되었다. 흑와(黑窩)의
마모정도를 현대 말과 비교하면 그것은 8~9세 정도이다. 좌아래
턱에는 Dp_3-M_3가 부착되어 있다. 이빨 마모정도는 가볍고, 아래
뒤쪽 첨단부분은 원형이다.

동북 들소 *Bison exiguus Matsmoto*

2점의 파손된 아래턱. 1점에는 M_2-M_3이 부착되었고, 다른 1점
에는 M_1-M_2가 부착되어 있다. 이빨구조는 보통 들소의 것과 같다.

꽃사슴 *Pseudaxis SP.*

파손된 뿔 4점과 파손된 아래턱에 M_1—M_3가 부착되어 있다.
이빨 마모정도는 가볍고, 치관은 특별히 높다. 전엽 전면이 대단
히 가늘게 휘어져 있다.

뿔의 핵심가지 기저부는 거칠다. 첫 번째 가지(眉枝)는 뿔마디 위에서 멀지 않은 곳에 뻗어있고 첫 번째 가지와 핵심 가지(主枝)의 교차각은 약 90도 정도이다. 뿔 표면에 거칠고 고운 새로운 홈문양이 있다. 뿔의 핵심가지(主枝)의 가로 단면은 원형이다.

3. 청산두(靑山頭)동물군

초원 마르모트 *Marmota boboc Radde*

파손된 우아래턱 1점과 파손된 위턱 1점이 있다. 아래앞어금니는 거칠며 가로단면은 타원형이다. 이빨공간(齒虛 diastema)의 직선 길이는 13.5 mm이다. 턱구멍에서 턱뼈상 가장자리가지 까지의 거리는 약 10 mm 이다. 그것은 현생종보다 낮다. 아래턱 수평체(體)는 볼쪽 이빨과 비교하여 대단히 거칠다.

교지능선(咬肢脊)은 뚜렷하며 그 윗선(線)에는 달이빨(月牙)형의 홈이 있다. 아랫선(線)의 교지(咬肢)의 삼각면을 넓고 깊다. 그 표면은 거칠고 교지능선(脊) 삼각면 전단은 M^1이빨뿌리 아래에서 강렬하게 돌출되었다. 치열길이는 약 22.5 mm이다. P_4에는 3개의 거칠은 뿌리가 남아있고, 동시에 그것은 뒤쪽으로 경사되었다. 볼쪽 이빨 안의 홈은 작고 깊다.

황쥐속 *Citellus oken, 1816*
다우리 황쥐 *Citellus dauricus Brandt*

위턱뼈 1점, 파손된 좌아래턱 1점. 앞이빨은 편협되었으며 P_4,

M_1, M_2 치대(齒帶. cinglum)는 뚜렷하다. P_4 차첨(次尖) 끝부분은 발달되지 않았다. 그것은 긴꼬리 황쥐(C. undalatus)와 구별된다. P_4 앞이빨대(帶)는 발육되었고, 볼이빨내의 홈은 좁고 크다. 그 안에 부착된 첨단부분은 뚜렷한 특징을 보여주고 있다. 그것은 다른 종속과는 다르다. 상하 치열 길이는 각각 10㎜, 9.1㎜이다.

밭쥐속 *Microtus schrank, 1789*
브란트 밭쥐 *Microtus branti Radde*

2점의 파손된 왼쪽 아래턱과 1점의 파손된 오른쪽 아래턱이 있다. 아래턱뼈는 상당히 작다. M_1 전후마디 사이에는 5개의 봉합된 삼각형이 있다.

아르만 두더지 *Myospalax armandi Miline-Edwards*

파손된 두개골 1점에는 완정한 왼쪽 위 치열이 부착되었다.
코뼈는 상당히 깊다. 그것은 주구점 산정동인(山頂洞人)에서 출토된 것과 같다. 위 치열의 길이는 8.2㎜이다. M_1전단 혀쪽에는 차생(次生)주름이 없다. M_3는 대단히 퇴화되어서 오메가형을 이루었다.

동북 두더지 *Myospalax psilurus Milne-Edwards*

파손된 두개골 1점. M_3와 뒷머리뼈 종지뼈 사이의 거리는 상당히 짧다. 상(上)치열의 길이는 10㎜이다.

뛰는 쥐과 *Dipodidae water house, 1842*
뛰는 쥐속 *Allactaga cuvier, 1836*
뛰는 쥐 *Allactaga stbtrica Forter, 1778*

2점의 좌우아래턱에는 완정한 치열이 부착되어 있다. 아래턱은 상당히 크며 가늘고 길고 일직선이다. 턱구멍은 크고 쐐기형으로 앞쪽으로 열려져 있다. 볼쪽 이빨면에서 그 구멍이 보인다. 아래턱 안팎이 서로 다르다. 바깥쪽의 교지능선(咬支脊)은 앞쪽으로 뻗어서 아래로 좁고 길게 내려오면서 융기되었고 안쪽은 하나의 긴 홈을 이루었다. 아래 앞이빨은 얇고 길어 그 완곡도가 작다. 앞 이빨전단은 상당히 예리하다.

내측과 외측 상반부에는 법랑질층이 없다. 아래 치열의 길이는 7.7mm이고, 치관은 상당히 높다. M^1아래 원첨(原尖)과 하첨(下尖) 사이의 외부계곡(谷·valley) 중간에는 하나의 작은 예리한 가시 (尖刺)가 있다. 안쪽 하후첨(下后尖)능선은 직선이며 크다.

M_2는 대단히 크다. 아래앞 능선벽은 직선이며 법랑질은 얇다. 외부측 아래 차첨은 대단히 발달되었다. 아래 원첨 외부 능선은 길고 입술 쪽으로 경사되었고 안쪽에는 3개의 주요한 첨단부분이 있다. 아래 전치능선은 좁고 직선적이며 앞벽법랑질층은 대단히 얇다.

M_3는 원시의 종속과 비교하면 현저히 퇴화되었다. M_1과 M_3의 길이 비율은 1.43이다. M_3는 4개 중요한 첨내곡(尖內谷)과 외곡 (外谷)을 구비하고 있다.

너구리속 *Nycteutes Temmick, 1838*
너구리 *Nycteutes procynides Cray*

파손된 왼쪽 아래턱뼈 1점. 아래턱은 얇고 볼쪽이빨과 비교하면 상당히 짧다. 그것은 P_3아래의 제2 이마 구멍(額孔)에 위치하며 모양은 계란형이다. 상승가지(枝)는 앞쪽으로 뻗었다. 그것은 아래턱의 아랫선(線)과 수직이다. 그 후단의 뿔돌기는 뚜렷하다. 볼쪽 이빨 마모정도는 심하며 어금니의 마모는 이미 뿌리까지 내려왔다. 아래 치열의 길이는 41.5mm이다.

P_4와 M_1사이의 공간은 상당히 넓다. 뒷 이빨대(帶)는 상당히 발육되었다. M_3는 상당히 퇴화되어 원형을 이루고 있다.

여우 *Vulpes SP.*

파손된 좌아래턱 1점. 아래턱 수평체는 길며 그 연합부분은 크고, 앞어금니사이의 공간(齒隙)의 대등함은 코르삭 여우(Vulpes corsac)와 같다.

털코뿔소 *Coelodonta antiquitatis Blumenbach*

1매의 제3아래 젖 앞어금니. 이빨구조는 동북에서 흔한 후기 홍적세 털코뿔소젖니 구조와 같다.

멧돼지 *Sus scrofa Linnaeus*

파손된 우아래턱뼈. M_3 앞어금니대(帶)는 낮고 4개의 주된 첨단부분의 크기는 같으며 발뒷축(跟座. talonid basin)은 상당히 발달되었다. 그 길이는 M^3 길이의 1/2에 해당된다. M_3의 길이는 47mm, 너비는 20.5mm이다.

4. 대포소(大布蘇)동물군

초원 마르모트 *Marmota boboc Radde*

파손된 오른쪽 윗 턱뼈에는 M^1, M^2가 부착되었다. 어금니는
두개의 뚜렷한 가로능선(脊)을 가지고 있다.

황쥐 *Citellus mongolincus Milne-Edwards*

파손된 두개골에는 오른쪽 앞이빨과 제2어금니(M_2)가 부착되
었다. 두개골은 타원형이며 인자(人字)능선은 보이지 않는다. 앞
이빨은 편협하며 제2어금니의 후대(后帶)는 발달되지 못하고 거
의 소실되었다. 상기한 특징은 몽고황쥐와 같다.

동북두더쥐 *Myospalax psilurus Milne-Edwards*

위턱에는 M_1-M_3이 부착되어 있다. 제1어금니(M_1)가 있는 혀면
(舌面), 입술면(脣面)에는 각각 2개의 홈이 있다. 혀면(舌面)의 제
1홈은 그리 크지 않다. 제2·3윗어금니(M^2,M^3)의 혀면에는 각각
하나의 홈 (凹溝)이 있으며 입술면(脣面)에는 각각 두개의 홈이
있다. 전체 위 어금니는 경사된 오메가형이다.

시베리아 뛰는 쥐 *Allactaga sibirica*

파손된 왼쪽 아래턱에는 제2어금니(M_2)가 부착되었다. 이빨은
크며 법랑질층은 얇다. 아래 원첨(原尖. protocone)은 입술 쪽으

로 경사되었으며 안쪽에는 하후첨(下后尖. metaconid)과 하내첨
(下內尖. endoconid), 하차소첨(下次小尖)은 발육되었다.

호랑이 *Panthera tigris*

왼쪽 아래턱에 제4앞어금니(P_4)가 부착되어 있다. P_4의 원첨은
특히 크며 그것은 하나의 원추형을 이루었다. 아래 전첨(前尖.
paracone)은 돌출되었고 아래 차첨(次尖. hypocone)은 뚜렷하지
않다. 치조에 의하면 P_3은 작고 열치(M_1. 裂齒)는 크다.

진맘모스 *Mammuthus primigenius Blumenbach*

어금니편, 앞이빨, 제3손바닥뼈(掌骨). 어금니는 두개의 파편이
잔류, 법랑질은 대단히 얇다. 백악질층은 법랑질층보다 두껍다.
치판두께 1cm, 여기에 따르면 치판 빈도율은 약 10이다.

제3 손바닥뼈는 장방형으로 등과 손바닥편이 평탄하다. 제2손
바닥뼈와 접한 부분의 내측은 일직선이다.

프리제발스키 야생마 *Equus przewalskii Polakoff*

오른쪽 위턱에 볼쪽이빨(P^2-M^3)이 부착되었고 왼쪽 아래턱에는
P_3-M_2가 있다.

오른쪽 위 제3앞어금니(P_3)내에는 부첨(附尖)부분이 돌출되고,
오른쪽 제2어금니의 부첨은 크다. M^1,M^2 앞구멍(前窩)의 뒷선과
뒷구멍(后窩)의 앞선은 합쳐져서 하나의 선을 이루었다. 이 현상
은 유년(幼年)말의 특징이다. 말가시(馬刺)는 앞이빨에서 뚜렷이

보이고 어금니 상에는 없다. 원첨은 장편(長扁)형이다. 윗볼쪽 이
빨의 수치는 다음과 같다.

(단위 ㎜)

치열 전체 길이	앞어금니 전체길이	어금니 전체길이	M^1 길이×너비	M^2 길이×너비	M^1원첨지수 길이×너비	M^2원첨지 수 길이
172	91	81	24.5×26.5	26×255	56	50

그 중 M2 원점 지수가 다소 작은 것 외에 기타 수치는 모두
유수(楡樹)표본의 범위 내에 이른다. 아래볼쪽이빨 P3-M2, 하후
첨, 하후부첨 등은 원형, 하원첨, 하차첨 등은 편원(扁圓)형 등으
로 이루어졌다. M1의 바깥계곡(谷)은 하후첨과 하후부첨(下后附
尖)사이에 있다.

조랑말 *Equus heluionnu Pallas*

오른쪽 아래턱에는 P_2-P_4가 부착되었다. 전체 이빨은 좁고 작
으며 쇠약해졌으며 법랑질층도 얇고 하후첨(下后尖), 하후부첨편은
원형이며 바깥계곡(谷)은 작다.

털 코뿔소 *Coelodonta antiquitatis Blumenbach*

상당히 완정된 1구(軀) 골가(骨架)인데, 완정된 두개골에는 좌,
우 P_1-M_3가 부착되어 있다.

위턱뼈에는 턱뼈에는 좌, 우 P^4-M^1 부착되어 있다. 좌·우 M_3
은 각1매, 좌 팔뚝 뼈 하나(一根), 정강이 뼈 하나, 이외에 척추

뼈(環椎)등골 골격이 있다. 완정된 하나의 골가가 부여 소와지(扶餘 小窪 地)에서 발견되었다. 동물군에 대한 구분의 분석 연구시 소요둔, 대포소(大布蘇)는 비록 지점이 다르지만 근접해 있으며, 두 곳 화석 출토 지층 암성과 고생태 등은 같다. 따라서 부여 털코뿔소 골가는 대포소(大布蘇)동물군에 포함된다.

비교적 완정된 골가는 124점으로 거기에는 두개골, 목척추, 가슴척추, 허리척추, 천골(꽁지 뼈, 荐骨), 갈비뼈, 견갑골, 팔뚝뼈, 척골 (尺骨), 요골(橈骨), 빈골(소骨. 종지뼈, 슬개골), 관골(髖骨, 無名骨), 고골(股骨), 종지뼈(脛骨), 장단지뼈(跳骨, 복사뼈(趾骨), 손바닥뼈(掌骨), 발바닥뼈(跖骨), 손가락뼈(指骨), 발가락뼈(趾骨) 등이 포함된다.

두개골, 코뼈 뿔자리 표면상에는 많은 혹이 돌기되었다. 이마 뿔자리 표면상에는 돌기가 뚜렷하지 않다. 이마뼈와 정수리뼈는 위로 융기되어 말안장 형태를 만들었다. 양측 시상능선(矢狀脊)은 이마뼈에서 뒷머리능선 방향으로 뻗어서 홈(凹)을 이루었다.

뒷머리 능선은 그리 두텁지 않고 그것은 위로 뻗어 올라갔다. 뒷머리 능선의 중간은 평탄하다. 뒷머리뼈 인부 중앙과 양측에는 얇은 홈이 있다.

위턱뼈에는 완정한 좌·우 P^2-M^3을 가지고 있다. 이빨 바깥에는 뚜렷한 주름이 있으며, 원능선(原脊)과 뒤쪽 능선(后脊)은 안뒤쪽으로 경사되었다. 이 두 능선은 M^2이 위와 평행선이다. P^2-P^4에 있는 작은 가시(小刺)와 앞가시(前刺)는 두개의 소형 구멍으로 형성되었는데 그것은 마모에 의해서 이루어졌다. M^2는 치열 중 가장 긴 것 중의 하나이다. M^3의 원능선은 안쪽으로 경사되었다. 그러나 뒷능선은 쇠약하다. 그래서 M^3를 편삼각형으로 만들었다. M^3 앞 끝은 가볍게 마모되었다. 이 이빨은 흔한 털코뿔소 이빨 특징과 같다. M³는 막 자라났으며 동시에 가볍게 마모되었다.

이빨의 성장과 마모정도에 의한 나이로 보아 이 털코뿔소의 매장시기는 성년(成年)단계이다. 표본의 계통적 비교와 관찰에 따르고, Heilor에 의한 1931년 현대 코뿔소 수컷과 암컷의 두개골의 비교에 의하면 이 코뿔소 골가는 암컷이다. 왜냐하면 그것의 코중간막이 완전히 막혔으며. 코, 이마뼈 표면상의 뿔자리도 크지 않기 때문이다. 두개골이 좁고 짧은 특징도 수컷과 구별된다. 종합하면 부여털뿔소 골가는 성년의 암컷이다.

완정된 두개골에 부착된 좌우 상 P⁴-M⁵의 특징과 소요둔 출토의 두개골은 같다. 여기에서는 두개골에 부착된 이빨만 살펴보겠다: 위턱에 부착된 어금니 바깥 능선 외벽에는 2~3개의 뚜렷한 주름의 원능선이 있는데 그것은 뒤쪽능선과 거의 평행이다. 이 두 능선은 뒤쪽으로 가볍게 경사되었고, 그것의 안·바깥과 이빨바닥은 거의 수직이다. P⁴-M³의 마모정도는 심하고 치관은 상당히 낮다. 그것은 성년의 털코뿔소이다. 팔뚝뼈 근단(近端)은 파손되었고 그것은 불규칙한 둥근 기둥 상을 이루고 있다. 뼈의 가로축은 나선형으로 휘감겨 있다. 아랫단 활차(滑車) 양측에는 대단히 발달된 결절이 있다. 팔뚝뼈 중간 가로 단면은 평원형이다. 하단 손바닥 뼈 측면에는 뚜렷한 관상구멍(冠狀窩)이 있다.

종지뼈(脛骨): 끝부분만 보존되었다. 뼈는 삼능 기둥 상이다. 아랫단 단면은 4변형(四邊形)이며 안쪽변은 바깥쪽보다 크다. 아랫단 관절면의 바깥쪽으로부터 뒤안쪽의 능선(脊)은 안팎 2개홈의 관절면으로 나누어 졌다.

길림 털코뿔소 *Coelodonta antiquitatis Chilnensis Sub SP.*

완정된 두개골. 두개골은 뒤아래쪽으로 완곡되었으며, 정수리뼈 평면과 뒤머리뼈 평면에 구성된 협각은 상당히 작다. 뒷머리 능선 중앙에는 작고 또는 큰 절단면이 있다. 코 구멍은 상당히 길고 낮다. 마지막 어금니($M^{3)}$)의 바깥선 사이의 거리는 짧다.

낙타과 *Camelidae Cray, 1821*
낙타속 *Camelus Linnaeus, 1758*
낙타 *Camelus SP.*

오른쪽 아래턱뼈에는 M_2, M_3가 부착되었고 또한 발바닥뼈와 그 중앙의 부골(附骨)이 있다. 아래턱뼈는 거칠고, M_2는 파손되었으며 M_3는 비교적 완정하다. 전체 이빨은 크고 치관은 높으며, 법랑질은 두텁고 바닥기둥(底柱)은 없다. 이빨구조는 간단하며 하나의 바깥능선을 가졌고, 안쪽은 반달형의 홈(內埠)을 가졌다. 발바닥뼈에는 근단 부분이 보존되었다: 골체는 거칠고 크다. 등면은 평탄하고 윤택이 난다. 손바닥뼈 측면 중앙에 하나의 넓은 가로로 된 구열(溝)이 있다. 근단(近端)관절면 중앙홈은 좌·우 대칭적 관절면으로 나누어졌다.

가운데 부골(附骨): 뼈는 불규칙한 다면체이다. 상하 양면에는 모두 고·저가 불일치한 관절면이 있다. 발뒤축 뼈(跟骨)의 접합 부분은 뚜렷하다.

오르도스 큰뿔사슴 *Megaceros ordosianus Young*

오른쪽 첫 번째 뿔가지 부분. 뿔은 편편하고, 손바닥 형이며 핵심가지(主枝)와 수직으로 교차되었다. 뿔마디(魚環)가까이에 있

는 뿔 뒷면에는 미세한 융기가 나있다. 그래서 뿔 앞면은 다소
홈이 파진 것 같다. 그것의 앞쪽으로 뻗은 중간선에 뚜렷한 융기
가 있다. 뿔의 전후면에 가로 구열(溝)이 있다.

옛소 *Bos Primigenius Bojanus*

완정된 두개골 2점에는 좌·우뿔이 부착되었다. 오른쪽 아래턱
에는 P_1-M_3이 부착되었다. 두개골 상의 코뼈, 앞턱뼈가 없어졌다.
이마뼈는 넓고 크다. 정수리뼈는 짧아서 겨우 31㎜이다. 노정골
은 검토할 수 없다. 그것은 뒷머리뼈 위에 걸려 있다. 중앙의 이
마 융기는 뚜렷하지 않다. 뒷머리 구멍은 크고, 뒷머리 슬개골,
기저 뒷뼈는 모두 완정한다.

뿔심은 거칠다. 두개골 뿔심 저부 주위 길이 335㎜이다. 뿔심
은 이마뼈 후연의 바깥뿔 위가 수평으로 뻗어서 뒷머리쪽까지 이
르렀다. 그리고 위쪽으로 회전되었다. 두뿔 첨단 부분의 거리는
1,125㎜이다. 뿔심이 양측으로 전개된 최대거리는 뿔심 중앙에서
다소 위쪽으로 향하였다. 그 길이는 1,130㎜이다. 뿔심의 완곡형
상과 방식은 중국 동북지구에서 흔한 옛소 뿔심과 같다.

뿔심 가로 단면은 타원형이고 그 직경은 기저부에서 뿔첨단
부분을 향하여 서서히 체감되었다. 뿔심 표면에는 많은 가늘고
작은 혈관구멍 및 세로로 불연속된 가늘고 깊고 얇은 구열 문양
이 있다.

오른쪽 아래턱에는 P_1-M_3가 부착되었다. 아래턱뼈는 350㎜ 길
이가 남아있다. 치열길이 170㎜. P_1파손, M_2는 혀측에 파손. 전
체 이빨은 마모가 심하다. 그 중 M_1은 더욱 심하다. 앞구멍(前
蒿)의 법랑질은 마모되었고 다만 백악질만 보인다. 후엽(后葉)내

측의 법랑질이 마모되어 홈(溝坑)이 파졌다. $P_2 \cdot P_1$ 마모정도는
가볍다. $M_1 \cdot M_2$의 치관은 $P_2 \cdot P_3$ 보다 높다. 전체 이빨 아래 기
둥은 발육되지 못하였다.

동북 들소 *Bison exiguus Matsumoto*

오른쪽 아래턱뼈에 P_4-M_3이 부착되었다. 이빨은 상당히 거칠
다. P_4-M_3의 전엽은 후엽보다 크다. 전·후엽은 판원형이다. M_3
의 뒷자리는 옛소보다 작다. 저부 기둥은 상당히 발달되었다.
오른쪽 위 P^3의 원·차첨(尖)은 편원형이다. 중앙의 부첨(附尖)
은 상당히 돌출되었다. 저부 기둥은 뚜렷하지 않다. 앞 홈(凹)의
전부(前部)는 안쪽 아래로 경사되었다. 이러한 현상은 P^2의 결실
(缺失) 또는 P^2의 병태 원인으로 조성되었다.

5. 대로(大路)동물군

식충목 *Lasectivora*
고슴도치과 *Erinaceidae*
고슴도치속 *Erinaceidae Linnaeus, 1758*
보통고슴도치 *Erinacidae europaeus Linnaeus*

오른쪽 아래턱뼈 파손, 거기에 제2어금니(M_2)부착. 이빨 첨단
부분 발달, 높고 예리한 끝은 가지고 있다. 이빨형은 방형, 4개의
주된 첨단 부분, 앞 2개는 뒤의 2개보다 높다. M^2 길이 4*mm*.

동북두더지 *Myospalax cf. Psilulus Milne-Edwards*

3개 왼쪽 아래턱에는 앞 이빨, M_1-M_3, M_1-M_2가 부착되었다. 오른쪽 아래턱에는 앞어금니, M_2, M_3이 부착되었다. 어금니는 상당히 길며 표면은 습곡되었고, 동시에 치조쪽으로 경사되었다. M_1, M_3 혀면과 입술면에 각각 하나의 구별이 있다. M_2 혀면에 2개의 홈(凹溝)이 있다. 입술면에는 하나의 구열이 있다. M_3은 M_1, M_2보다 작고, M_1의 치관은 다른 2개 어금니보다 높다.

이리 *Canis upus Linnaeus*

견치 2매. 그것들은 두개의 서로 다른 개체이다. 견치 최대 길이 42mm, 한 견치 내측 양변에는 마모 흔적이 있다.

곰 *Ursus SP.*

아래 견치 1매. 견치는 크고 거칠다. 치근(齒根)은 편원형이며 치관은 원추형이다. 이 이빨 내연(內沿)은 다소 휘어졌다. 견치 직선길이 19mm, 치관 길이 21mm, 이빨 뿌리 길이 78mm이다. 이빨 바깥의 마모는 심하다.

족제비 *Mustela SP.*

견치 2매, 3개 왼쪽 아래턱, 하나의 오른쪽 아래턱. 견치는 편타원형이고 이빨은 예리하고, 그 길이는 각각 19$mmmm$, 21mm. 오른쪽 아래턱에는 P_3, M_1이 부착되었고, 왼쪽 아래턱에는 P_3, P_4, P_1, P_2

가 부착되었다. 아래턱 길이 각각 44*mm*, 40*mm*, 36*mm*. 앞어금니에는 뚜렷한 하후부첨(夏后部尖)이 있다. 열치(M_1)는 절개된 형태이다. 하나의 작은 하후첨, 그리고 뚜렷한 하차첨(下次尖. hypoconid)이 있다. M_1은 각각 6*mm*,7*mm*이다.

오소리속 *Meles Brisson, 1762*
오소리 *Meles SP.*

오른쪽 위 견치는 편추원형이고 이빨 내경 길이는 29*mm*, 외경 길이는 31*mm*이다.

최후 하이에나 *Crocuta ultima Matsumoto*

아래견치, 제1앞어금니(P^1) 2매. 견치는 편추원형이며 치관의 마모가 심하여 10*mm* 내외가 모두 마모 되었다. 이 분석에 의하면 노년(老年)의 이빨로 평가된다. 제1앞어금니는 기둥상면과 그 내측이 파손되었다. 치관 최대 높이는 21*mm*이다.

호랑이 *Felis tigris Linnaeus*

오른쪽 아래턱에 P_2, M_1이 부착. 아래턱 아래 가장자리 길이 64*mm*. P_2 원첨(原尖)은 마모되었으며 M_1(裂齒)의 제2첨은 미발달 되었다. 이빨길이는 22*mm*, 높이 18*mm*. 그리고 이빨 상에 가로 문양이 없다. 이빨마모와 M_1의 성장 정황에 따라 유년(幼年)개체로 평가된다.

털코뿔소 *Coelodonta antiquitatis Blumenbach*

파손된 제2앞어금니의 개체는 작다. 그것은 바로 마모되었다. 유년(幼年)에 속한다. 대로(大路)선인동 퇴적층에서 발견된 2점의 파손된 윗어금니는 그것의 크기의 비교와 마모정도에 따라 털코뿔소의 윗이빨로 평가된다.

사향노루아과 *Moschinae*
사향노루속 *Moschinae Linnaeus, 1758*
사향노루 *Moschinae moschiferus Young*

견치 4매, 왼쪽 아래턱에는 P_2-M_2, P_3-M_2가 부착되고, 오른쪽 아래턱에는 P_3-M_1이 부착되었다. 견치 첨단부분은 원형, 앞끝은 예리하다. 바깥 법랑질은 뚜렷하지 않고, 안쪽에는 얇은 법랑질이 있다. 아래 어금니 가장자리는 상당히 발육되었는데 그것은 치대(齒帶)와 같다. 치주(齒柱)는 발육되었다.

오르도스 큰뿔사슴 Megaceros ordosianus Young

왼쪽 위턱에는 P_2-P_4가 부착되고, 오른쪽 위턱에는 P_3, P_4가 부착되었다. 독립된 것으로 왼쪽 P_3, M_3, 오른쪽 M_1, M_2, M_3등이 있다.

왼쪽 아래턱의 P_2-P_4는 거칠고, 치관은 상당히 높으며 법랑질은 조잡하고 이빨마디(齒節)는 발달하지 못하였다. 이빨에는 뚜렷한 바깥능선이 있고, 앞능선을 따라서 발달된 부첨(附尖)도 있다. 치주(齒柱)는 뚜렷하지 않다.

P_3 하후첨과 전첨은 분류가 어렵게 같이 봉합되었다. 치주는 미발달되었으며, M_3 뒷자리 혀측은 마모로 홈이 발생되었다.

꽃사슴아속 *Cervus Gray, 1872*
북경꽃사슴 *Cervus hortulorum Swinhoe*

오른쪽 아래턱에 P_2-M_3, P_2-M_1, P_4-M_2가 부착되었다. 왼쪽 아래턱에 P_2-M_1, P_2-M_1, P3-M_1, 좌하 M_2등이 부착되었다.

이빨 법랑질 주름과 M_2주름은 약하며 앞뒤 계곡(谷) 내에 작은 가시(小刺)도 뚜렷하지 않다. 치주는 발달되지 않았고 혀측 치대는 발육되었다. 모든 아래턱의 관상돌기와 관절돌기는 모두 파손되었다. M_1-M_3 치주는 발육되었으나 앞이빨은 치주가 없다. 앞치대(齒帶)에는 M_1이 뚜렷이 솟아오르고 M_3는 약하다.

표본 실측(단위 ㎝)

항목 / 표본번호		아래턱 보존길이	치 열 길 이	성 장 단 계
JW 013	우	11	7.3(P_2-M_3)	성년
24	우	9.8	5.7(P_1-M_1)	유년
20	좌	8.4	6.0(P_2-M_1)	유년
19	좌	7.5	5.4(P_2-M_1)	성년
18	좌	7.2	3.6(P_2-M_1)	노년
23	좌	6.5	4.9(P_3-M_1)	유년
25	우	5.4	4.4(P_1-M_2)	성년

동북노루 *Caprelus manchuricus Noack*

왼쪽아래 턱에는 P₂-M₂, P₂-M₂, M₁-M₃, P₃-M₁이 부착되었으며 오른쪽 아래턱에는 P₄-M₂가 부착되었다. 어금니 이빨대(綠)는 발달하지 않았고 치주 역시 발육하지 않았다. 법랑질의 주름은 강하다.

표본 실측(단위 ㎝)

표본번호＼항목	좌·우 방 위	아래턱 보존길이	치 열 길 이	성 장 단 계
JW 001	좌	8.2	2.8(M₁-M₃)	유년
6	좌	6	3.3(P₂-M₃)	성년
10	좌	5	3.7(P₂-M₂)	유년
9	우	5.7	2.6(P₃-M₁)	유년
3	우	4.3	2.2(P₃-M₃)	유년

반양속(斑羊) *Naemorhedus H.Simith, 1827*

청양 *Naemorhedus goral Harduicke*

두개골에는 좌우 거의 완정된 뿔이 부착되었고 뿔심은 짧고 직선으로 뒷 위쪽으로 경사되게 뻗어있다. 두 뿔 기저부는 비교적 접근되어 있으며 그 거리는 21㎜이다. 뿔 기저부에서 뿔첨단까지의 오른쪽 뿔 64㎜, 왼쪽뿔 69㎜이며 뿔 최대원주(圓周)길이는 77㎜이다. 뿔은 이마뼈와 정수리뼈가 만나는 곳에 있다. 정수리뼈는 편평하며 중간이 융기되었고 이마 뒤쪽 능선은 두텁다.

표 10. 길림 후기 홍적세 각 동물군 비교표

종속 \ 동물군	유 수 동물군	안 도 동물군	청산두 동물군	대포소 동물군	대 로 동물군
Erinaceus europaeu					
Ochotona cf. mantehurieus					
Lepus mandschuricu	+				
Lepus Sp.	+				
Eutamias Sp.		+			
Marmota bobac			+	+	
Marmota Sp.	+				
Citellus danricus			+		
Citellus Sp.	+			+	+
Castoridae cliber	+				
Cricetulus Sp.	+				
Arvicola Sp.	+				
Microtus brandti			+		
Myospalax arman			+		
Myospalax psilulus	+		+	+	+
Myospalax epsilanu	+				
Allactaga sibirica			+	+	
canis lupus	+	+		+	+
Nyctereutes Sp.		+			
Nyctereutes procynides			+		
Vulupe svulpe cf.tchilien sis	+				
Vulupes vulpes cf.					
tchiensis subsp	+				
Vulupes Sp.	+	+	+		+

Ursus arctos		+			
Mustela sibirica	+				
Ursus Sp.					+
Mustela Sp.					+
Meles meies	+				
Meles SP.					+
Crocuta ultima	+	+			+
Lynx SP.		+			
Felis tigris	+	+		+	+
Mammuthus primigenius	+	+		+	
Mammuthus sungari	+				
Coelodonta antiquitatis	+	+	+	+	+
Coelodonta antiquitatis					
chilnesis subsp	+			+	
Equus caballus	+				
Equus przewalskii	+	+	+	+	
Equus sp		+			
Equus hemionus	+			+	
Sus scrofa	+		+		
Camelus Sp.				+	
Moschus moschiferus					+
Moschus Sp.	+				
Megalaceros ordosianns	+			+	+
Pseudaxis hortolorum					+
Pseudaxis Sp	+	+			
Cer canadensis	+	+	+	+	+
elaphurus davidianus	+				

Alces alces	+	+			
Caprelus mantchuricus	+				
Caprelus Sp.	+	+			
Bubalus wansjocki	+				
Bos primigenius	+			+	
Bos primigenius subsp	+				
Bison exiguus	+	+		+	
Bison exiguus exiguus	+				
Bison exiguus crucicornis	+				
Bison exiguus harbinensis	+			.	
Bison sp.		+	+		
Gazella priwalskii	+				
Naemorhedus goral	+				+

MAMMAL FAUNA OF LATE PLEISTOCENE IN JILIN PROVINCE OF CHINA

ABSTRACT

This book, MAMMAL FAUNA OF LATE PLEISTOCENE IN JILIN PROVINCE OF CHINA, was written according to the types, characteristics and sites of mammal fossils of late Pleistocene discovered in Jilin province of China. The content was divided into two parts. Part one: General introduction.

In the part, the geomorphology, Quaternary geology, the composition and division of the fauna, the burying and locations of the fauna, the vestiges on the surfaces of fossils and a few kinds of diseased fossil were described.

Part two: Research and description of Fossils. In this part, the fossils of 62 species, 36 genera, 19 families and the main fossils of 5 fauna were described.

The book contented many figures, pictures and so on. It can be used as a reference for the workers in mammal fossil research, paleoecology, Quaternary geology and archaeology.

<參 考 文 獻>

姜鵬, 1977, 「吉林晩更新世哺乳動物化石分布」, 『占脊椎動物與古人類, 15(4)』

姜鵬, 1975, 「吉林安圖晩更新世洞穴堆積」, 『古脊椎動物與古人類, 13(3)』

孫健中・姜鵬 等, 1978, 「乾安大布蘇泡子一帶第四己地質・古生物調査報告」, 吉林地質1期

姜鵬, 1977, 「披毛犀一新亞種」, 『古脊椎動物與古人類, 15(3)』

周明鎭 等, 1959, 『東北第四期哺乳動物化石志』, 中國科學院古脊推動物硏究所 甲科專刊, 第3號, 科學出版社

姜鵬, 1992, 『吉林夫餘披毛犀骨架的發現』, 『人類學學報, 11(1)』

金昌柱, 徐欽奇等, 1984, 『吉林靑山頭遺址哺乳動物群及其地質時代』, 『古脊椎動物與故人類, 22 (4)』

姜鵬, 　1985, 「吉林舊石器時代晩期哺乳動物化石表面上幾種遺跡的探詩」(未發行論文)

姜鵬, 1983, 「吉林晩更新野牛化石」, 『博物館硏究, 2期』

姜鵬, 1982, 「安圖人化石」, 『古脊椎動物與古人類』

姜鵬, 1992, 「吉林集安大路仙人洞動物群的硏究」(未發行論文)

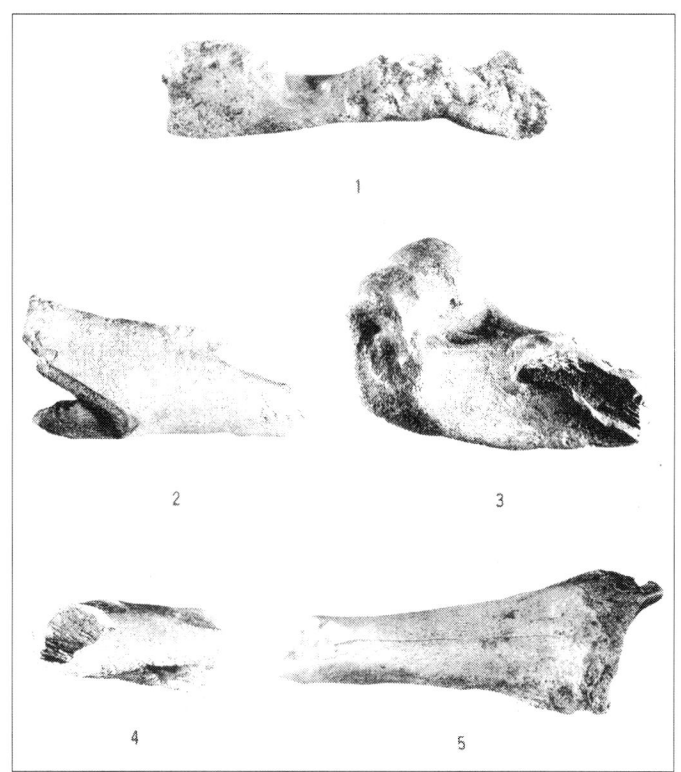

<도판1> <인공타격흔적>

1. 들소 Bison esiguus Skinner et Kaison 요골, ×1/3
2. 프리제발스키 말 Equus przewalskii Poliakaff 다리뼈, ×1/3
3. 들소 Bison esiguus Skinner et Kaison 팔뚝뼈, ×1/2
4. 말사슴 Cervus Xamthopygus Milne · Edwards 손바닥뼈, ×1/2
5. 들소 Bison exiguus Skinner et Kaison 요골, ×1/2

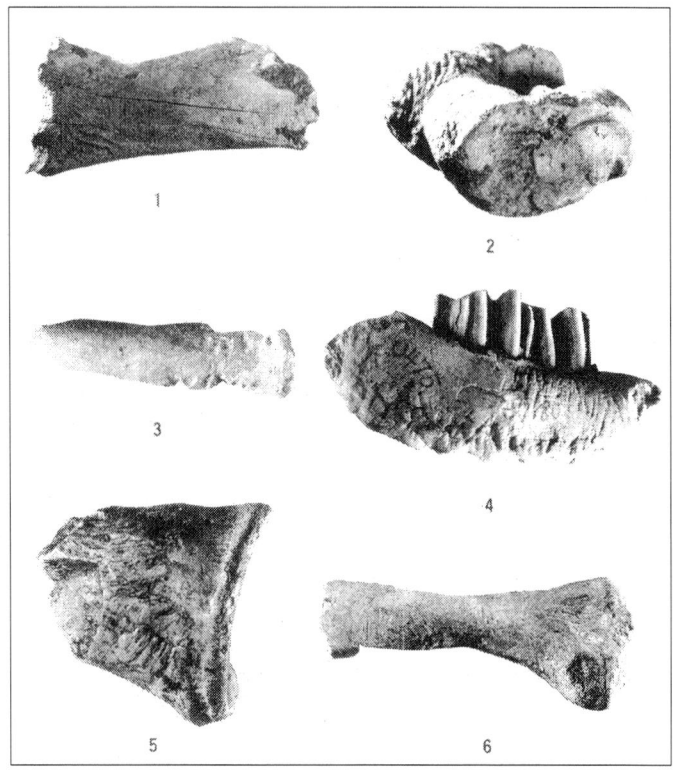

<도판2> <이리이발흔적>

1. 들소 Bison exiguus Matsumoto 오른쪽다리뼈, ×1/2
2. 들소 Bison exiguus Matsumoto 왼쪽발톱뼈, ×1
3. 프리제발스키말 Equus przewalskii poliakaff 손바닥뼈, ×1/2
4. 들소 Bison exiguus Matsumoto 왼쪽아래턱, 1/2
5. 들소 Bison exiguus Skinner et Kaison 요골, ×1
6. 프리제발스키말 Equus przewalskii poliakaff 요골, ×1/2

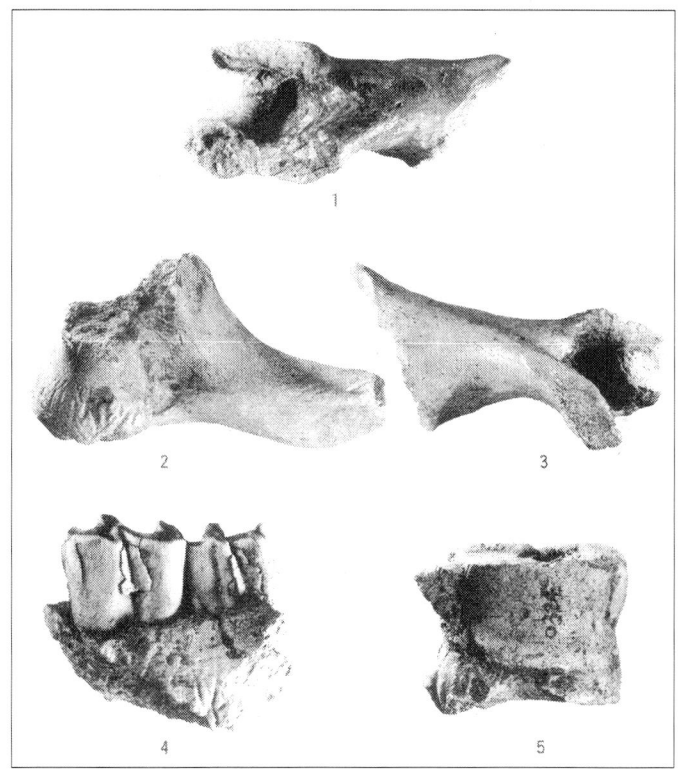

<도판3> <최후 하이에나 *Crocuta ultima Mastumoto* 이빨흔적>

1·2·3. 털코뿔소 *Coelodonta antiquitatis Blumenbach*
　　　팔뚝뼈, 1/3
4. 털코뿔소 *Coelodonta antiquitis Blumenbach* 아래턱, ×1/2
5. 들소 *Bison exiguus Matsmoto* 발톱뼈, ×1

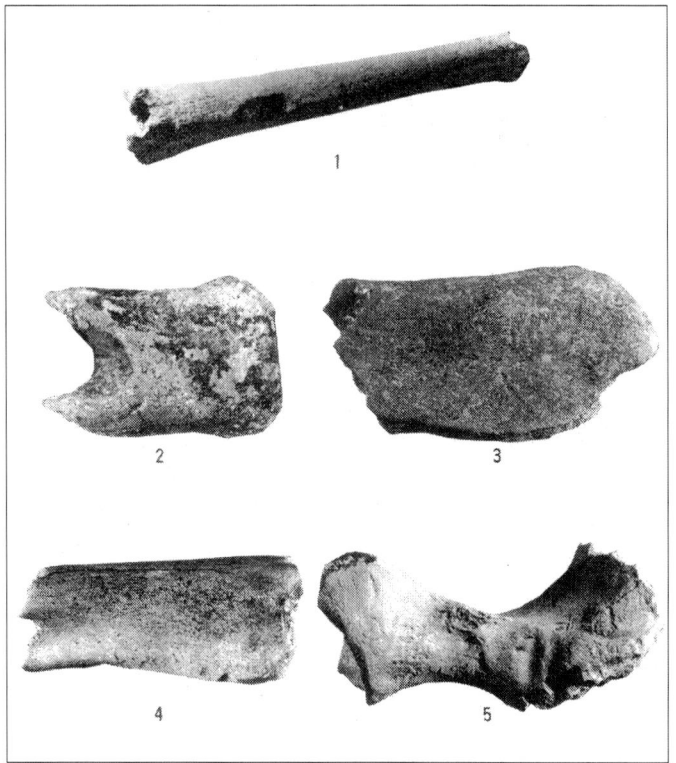

<도판4>

1. 말사슴 *Cervus xamthopygus Milne · Adwards*
   손바닥뼈, 1/2 설치류 이빨흔적 있음
2. 소 *Bison Sp.*
   뼈편, ×1. 설치류 이빨흔적 있음
3. 털코뿔소 *Coelodonta antiquitatis Blumenbach*
   견갑골, ×1/2 유수에 의한 마모흔적
4. 털코뿔소 *Coelodonta antiquitatis Blumenbach*
   이마뼈, ×1/3. 압력에 의한 흔적

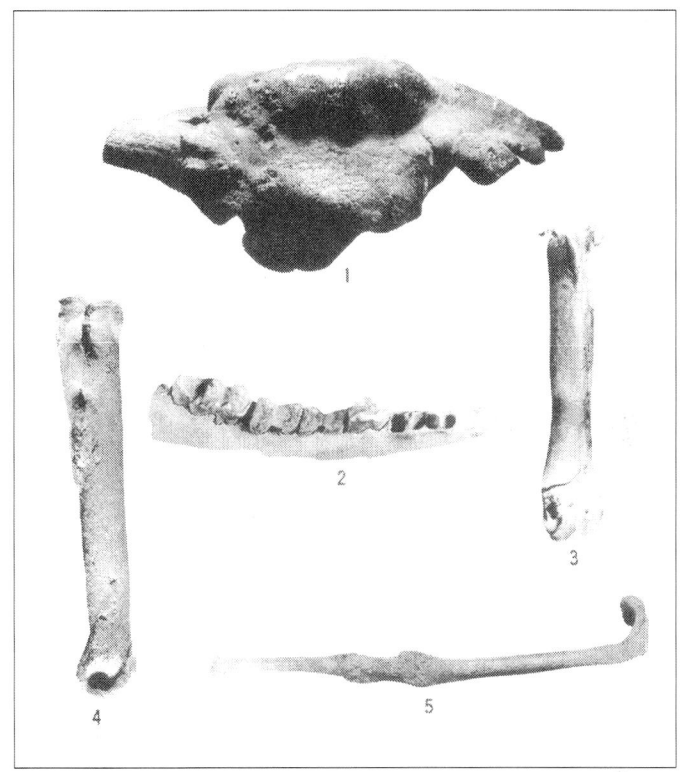

<도판5> <여러 가지 병태 화석>

1. 진 맘모스 *Mammuthus primigenius Blumenbach*
   오른쪽 아래턱, ×1/3, 병에 의한 혹돌출, 좌측 촬영
2. 들소 *Bison exiguus Matsumoto* 왼쪽 아래턱
   제3 앞어금니부터 제3어금니(P3-M3)까지,
   ×1/2, 병에 의한 마모증세. 입술면에서 촬영
3. 들소 *Bison exiguus Matsumoto* 왼쪽 손바닥뼈, ×1/3
   병에 의해서 뼈에 금가다. 안쪽에서 촬영
4. 들소 *Bison exiguus Matsumoto* 왼쪽발바닥뼈, ×1/2
   병에 의해서 뼈에 금가다. 바깥에서 촬영
5. 진맘모스 *Mammuthus primigenius Blumenbach*
   왼쪽갈비뼈, ×1/10 한뼈가 두개체로 부러지다. 바깥촬영

<도판6>

1. 유수 주가유방 포유동물화석 산지
2. 마르모트 *Marmota Sp.*
   오른쪽 아래턱에 제4앞어금니부터
   제3어금니 부착(P4-M3), ×1, 입술면에서 촬영
3. 밭쥐 *Avicora Sp.*
   왼쪽 아래턱에 앞이빨, 제1 어금니,
   그리고 제3 어금니(I. M1-M3)부착×1, 혀면촬영
5. 길림두더지 *Myospalax epsilanus Thomas*
   오른쪽 아래턱에 앞이빨, 제1 어금니에서 제3 어금니
   (M1-M3)까지 부착, ×1, 혀면촬영
6. 보통해리 *Castor cilber Linnaeus*
   오른쪽 아래턱에 제1·2 앞어금니(P2·P3)부착, ×1,
   하면촬영

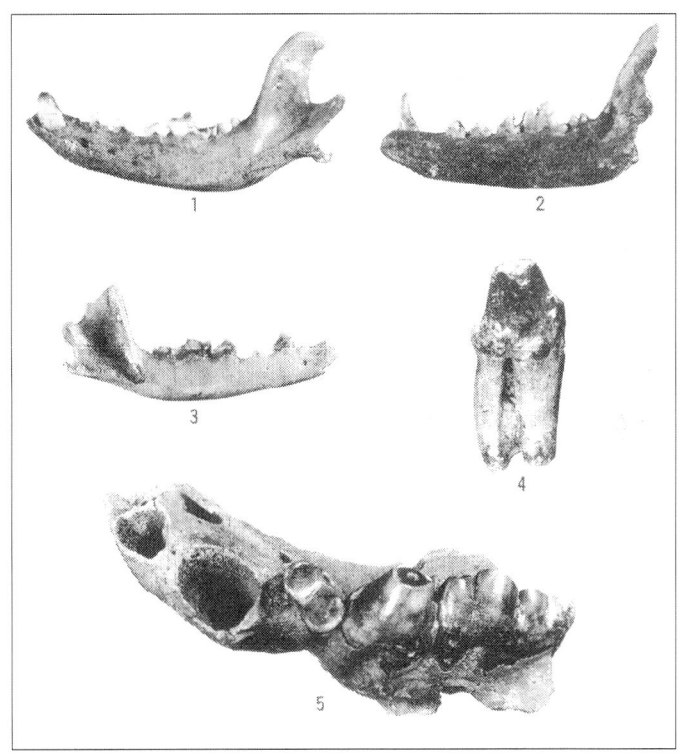

<도판7>

1. 이리 *Canis Lupus Linnaeus*
   왼쪽 아래턱에 견치, 제 2·3·4 앞어금니와 제1·2·3
   어금니(C. P2-M2)부착, ×1/2, 혀면촬영
2. 북방여우 *Vulpes vulpes cf. tchiliensis Matchie*
   오른쪽 아래턱에 견치, 제2·3·4 앞어금니 및
   제1·2 어금니(C. P_2-M_2), ×1, 혀면촬영
3. 여우 *Vulpes Sp.*
   오른쪽 아래턱에 제1·2앞어금니와 제 1·2·3어금니
   (P2P4, M1-M_3)부착, ×1, 입술면에서 촬영
4. 최후 하이에나 *Crocuta ultima Matsumoto*
   오른쪽 위 제 3 앞어금니(P3), ×1, 입술면에서 촬영
5. 최후 하이에나 *Crocuta ultima Matsmoto*
   오른쪽 아래턱에 제 3·4앞어금니와 제 1어금니(P3-M1)
   부착, ×1/2, 입술면 촬영

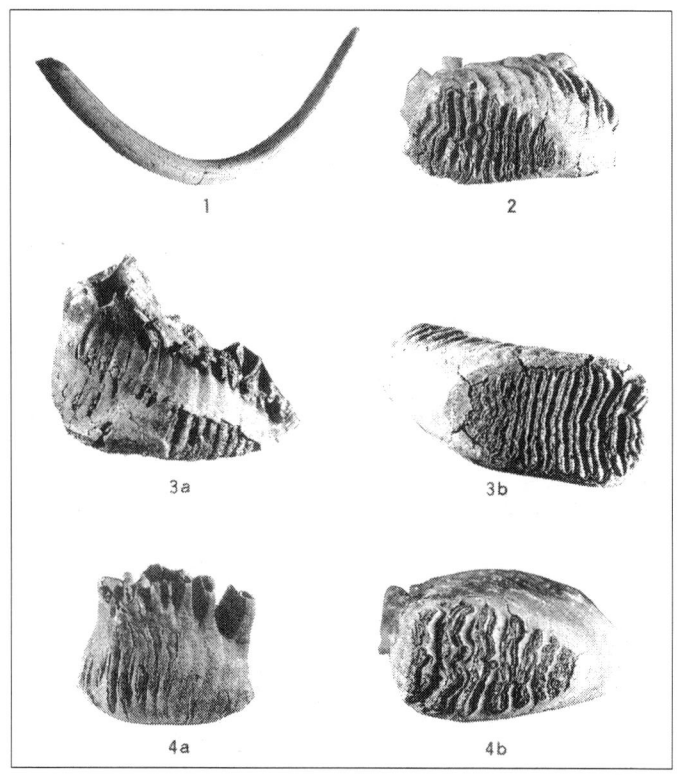

<도판8> <진맘모스 Mammuthus primigenius Blumenbach>

1. 왼쪽앞이빨, ×1/10, 혀측촬영
2. 오른쪽 위 제3앞어금니(Dp^3), ×1/2, 치관면 촬영
3. 왼쪽 위 제4젖 앞어금니(Dp^4)×1/2
   a. 입술면 b. 치관면에서 촬영
4. 왼쪽 위 제3젖 앞어금니(Dp^3), ×1/2
   a. 입술면 b. 치관면에서 촬영

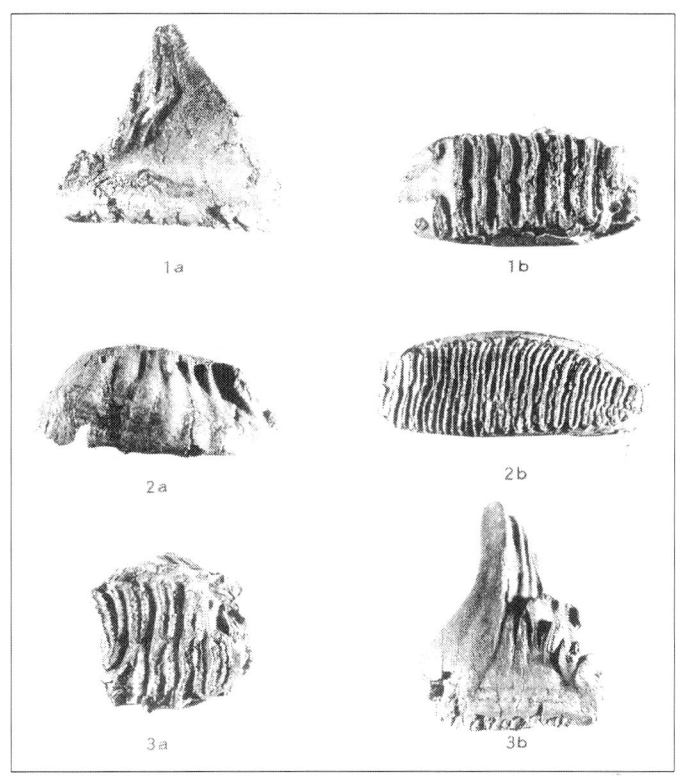

1a 1b
2a 2b
3a 3b

<도판9> <진맘모스 *Mammuthus primigenius Blumenbach*>

1. 오른쪽 위 제4젖 앞어금니(Dp^4), ×1/2
a. 입술면 b. 치관면에서 촬영
2. 왼쪽 위 제3어금니(M^3), ×1/2,
a. 입술면 b. 치관면에서 촬영
3. 왼쪽아래 제2젖 앞어금니(Dp_2),1/2,
a. 치관면 b. 입술면에서 촬영

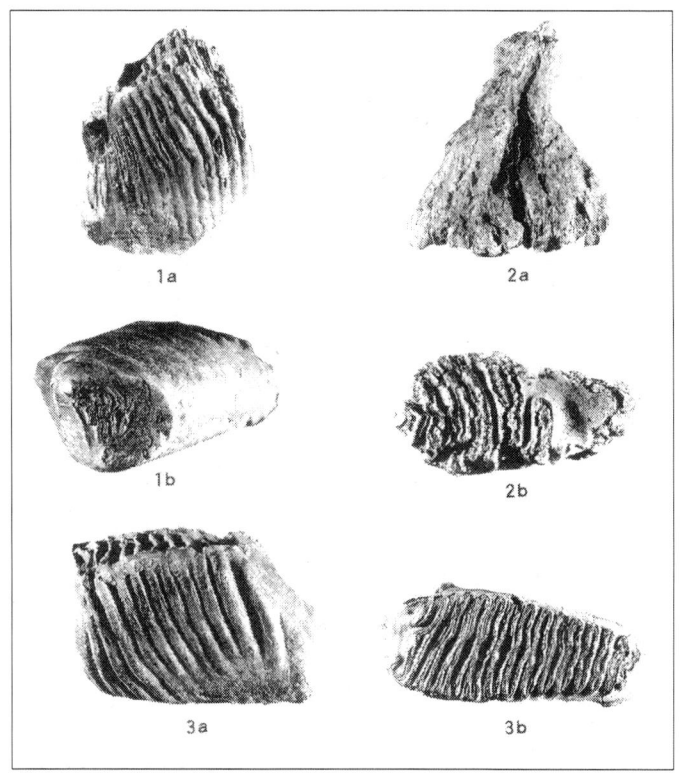

<도판10> <진맘모스 *Mammuthus primigenius Blumenbach*>

1. 오른쪽아래 제3젖 앞어금니(Dp$_3$), 1/2
   a. 혀면 b. 치관면에서 촬영
2. 오른쪽아래 제3젖 앞어금니(Dp$_3$), 1/2
   a. 혀측 b. 치관면에서 촬영
3. 왼쪽아래 제1어금니(M$_1$), ×1/2,
   a. 혀측 b. 치관면에서 촬영

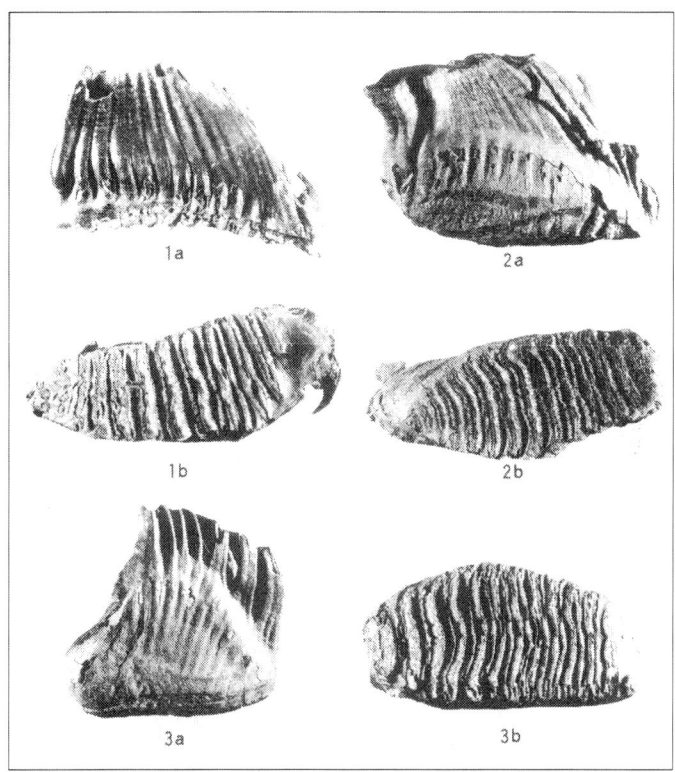

<도판11> <진맘모스 *Mammuthus primigenius Blumenbach*>

1. 왼쪽 아래 제1어금니(M₁), ×1/3,
   a. 입술면 b. 치관면에서 촬영
2. 왼쪽 아래 제1어금니(M₁), ×1/3,
   a. 입술면 b. 치관면에서 촬영
3. 오른쪽 아래 제1어금니(M₁), ×1/2,
   a. 혀면 b. 치관면에서 촬영

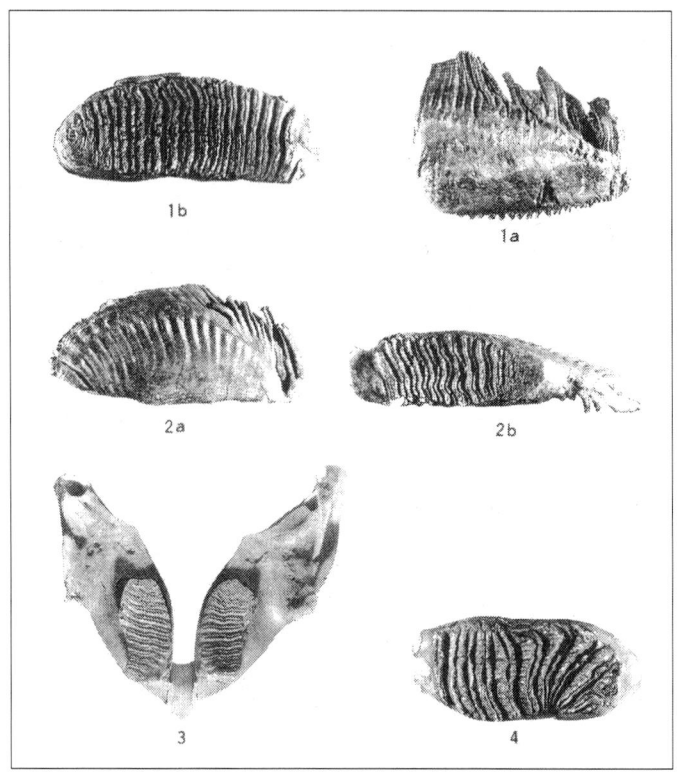

<도판12> <진맘모스 *Mammuthus primigenius Blumenbach*>

1. 왼쪽 아래 제1어금니(M₃), ×1/3, a. 혀면 b. 치관면에서 촬영
2. 오른쪽 제3어금니(M₃), ×1/3, a. 혀면 b. 치관면에서 촬영
3. 송화강 맘모스 *Mammuthus Sungari Chow et Chang* 아래턱에 좌우 제2어금니(M₂), ×1/5, 치관면에서 촬영
4. 송화강 맘모스 *Mammuthus Sungari Chow et Chang* 왼쪽아래 제1어금니(M1), ×1/3, 치관면에서 촬영

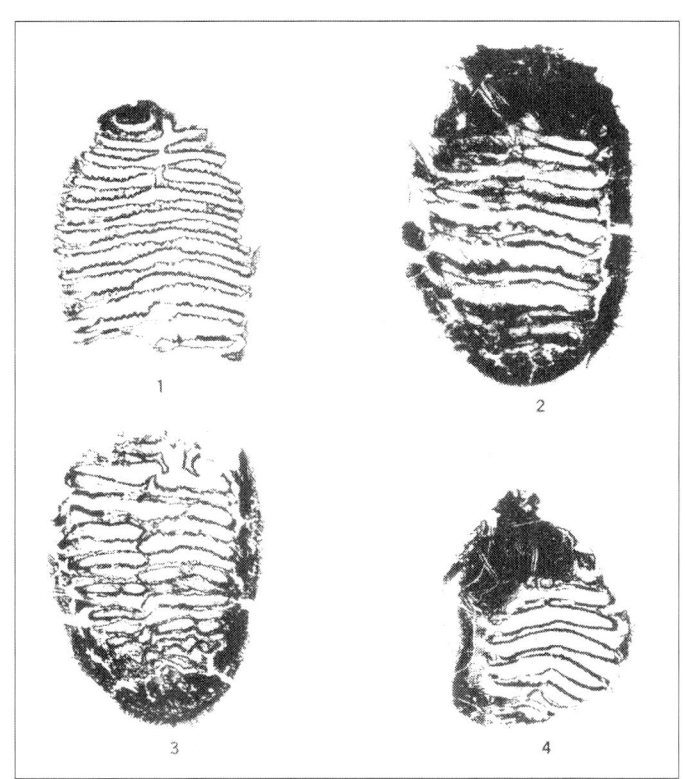

<도판13> <진맘모스 *Mammuthus prmigenius Blumenbach*>

1. 오른쪽 위 제4앞어금니(Dp^4)×1
2. 왼쪽 제3앞어금니(Dp$_3$)×1
3. 오른쪽 제4앞어금니(Dp$_4$)×1
4. 왼쪽 제3앞어금니(Dp$_3$)×1

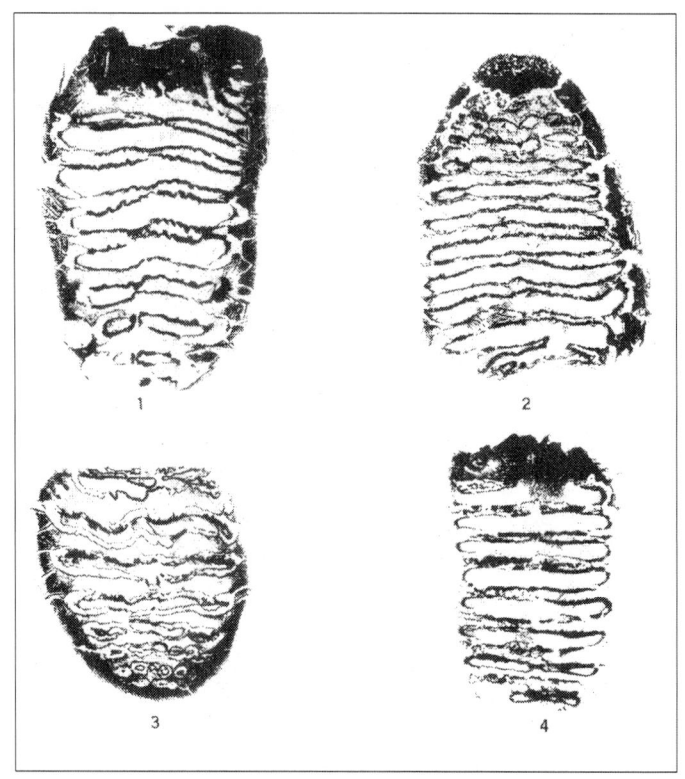

<도판14> <진맘모스 *Mammuthus primigenius Blumenbach*>

1. 오른쪽 위 제4앞어금니(Dp^4)×1
2. 왼쪽 제4앞어금니(Dp_4)×1
3. 왼쪽 위 제3앞어금니(Dp^3)×1
4. 오른쪽 위 제4앞어금니(Dp^4)×1

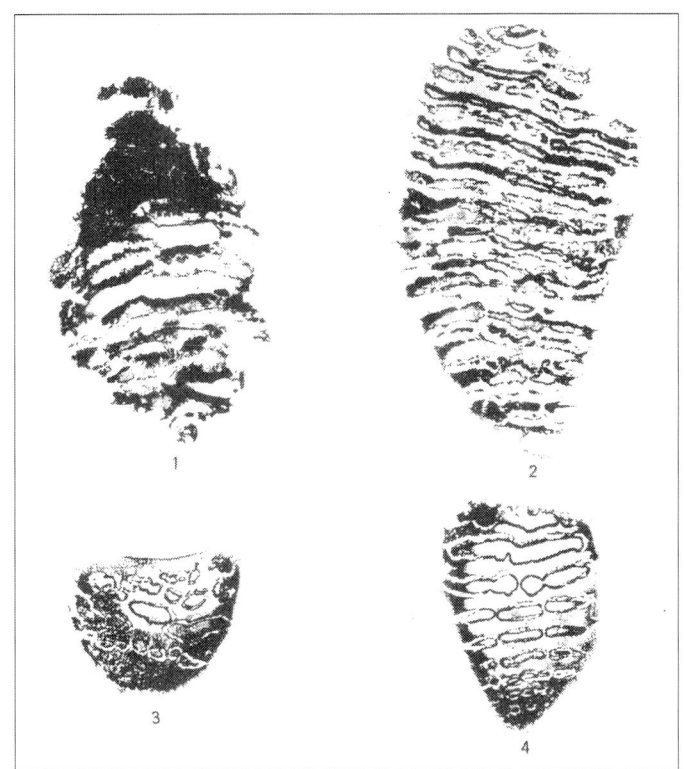

<도판15> <진맘모스 *Mammuthus primigenius Blumenbach*>

1. 오른쪽 아래 제3앞어금니(Dp$_3$)×1
2. 오른쪽 위 제1어금니(M^1)×1
3. 오른쪽 아래 제3앞어금니(Dp$_2$)×1
4. 오른쪽 위 제3앞어금니(Dp^3)×1

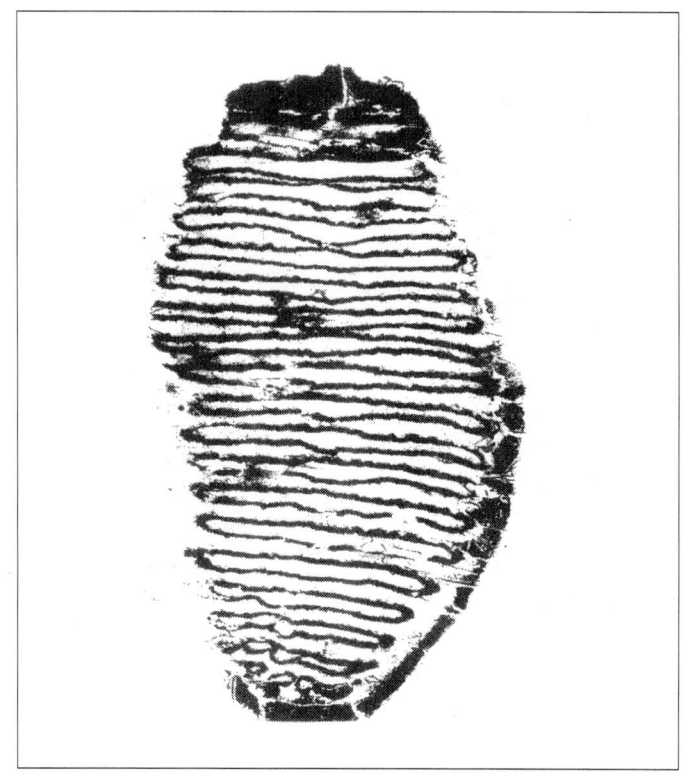

<도판16> <진맘모스 *Mammuthus primigenius Blumenbach*>

왼쪽 위 제3어금니(M^3)×1

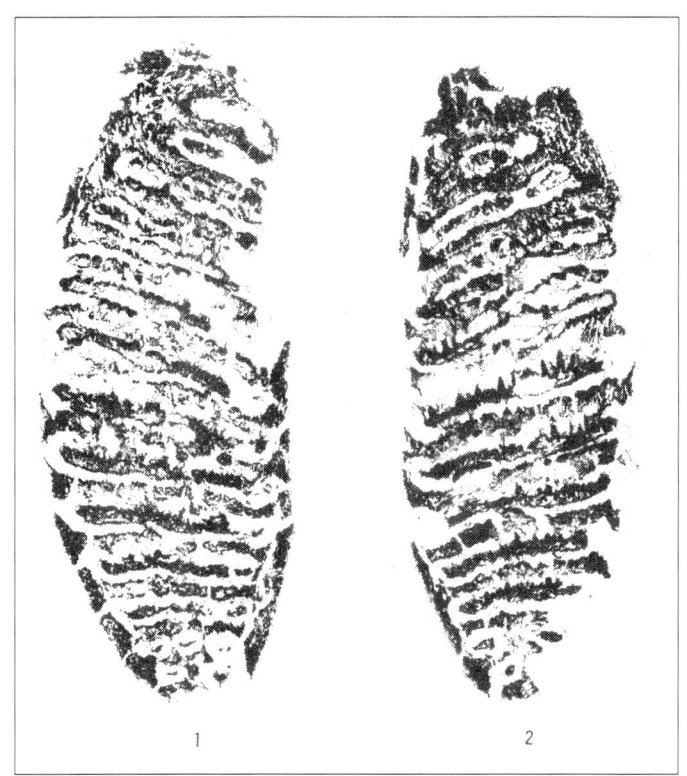

<도판17> <진맘모스 *Mammuthus primigenius Blumenbach*>

1. 오른쪽 아래 제2어금니(M_2)×1
2. 오른쪽 위 제1어금니(M^1)×1

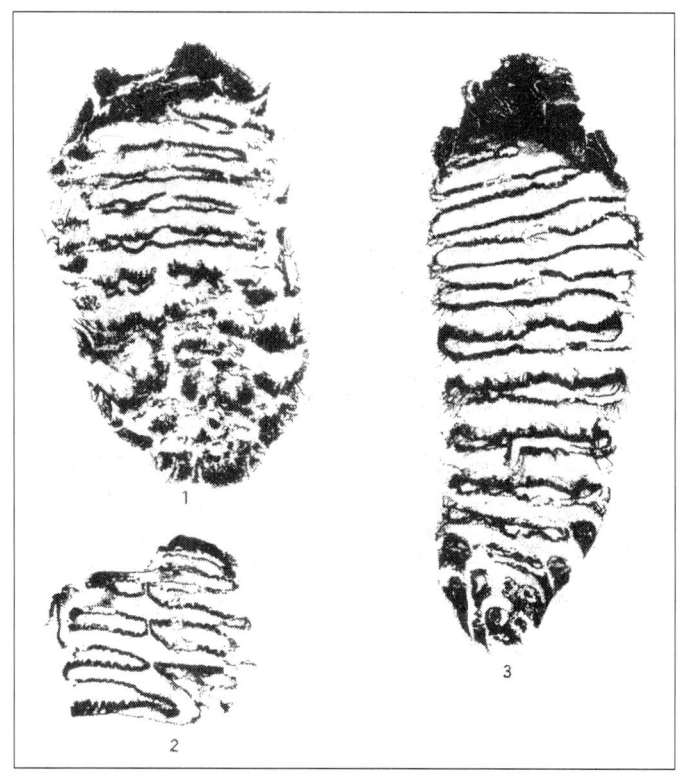

<도판18> <진맘모스 *Mammuthus primigenius Blumenbach*>

1. 오른쪽 아래 제4앞어금니(Dp₄)×1
2. 왼쪽 아래 제2앞어금니(Dp₂)×1
3. 왼쪽 아래 제1어금니(M₁)×1

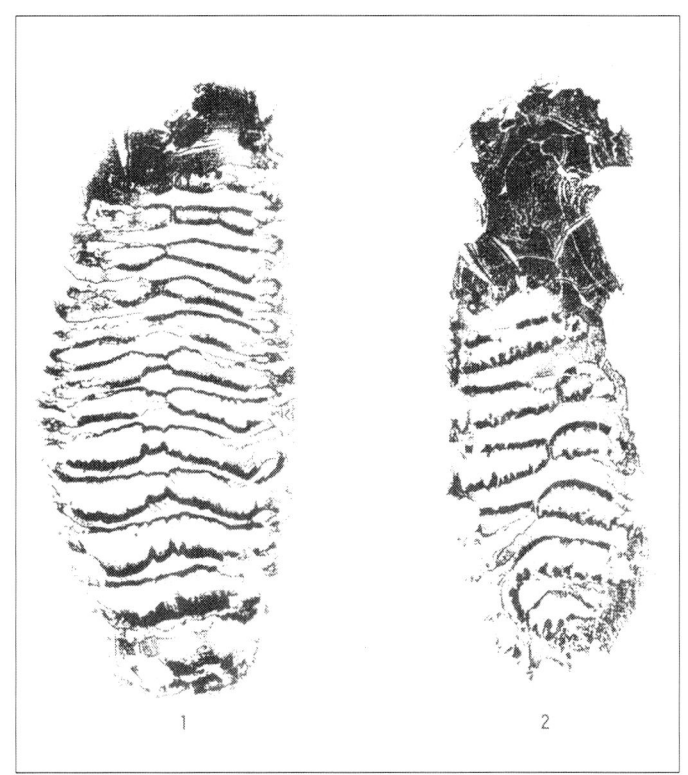

<도판19> <진맘모스 *Mammuthus primigenius Blumenbach*>

1. 왼쪽 아래 제1어금니(M_1)×1
2. 왼쪽 아래 제3앞이빨(Dp_3)×1

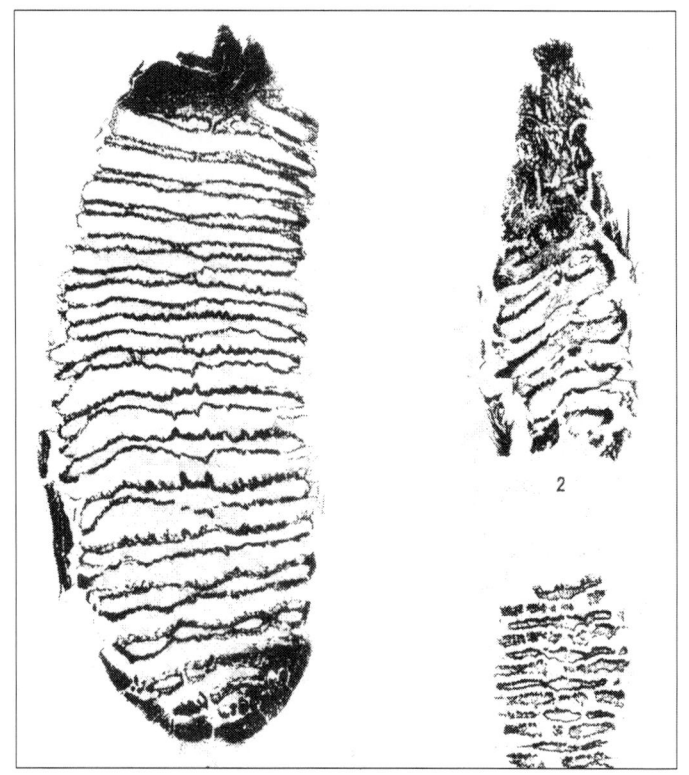

<도판20> <진맘몸스 *Mammuthus primigenius Blumenbach*>

1. 왼쪽 아래 제1어금니(M_1)×1
2. 왼쪽 아래 제4앞어금니(Dp_4)×1

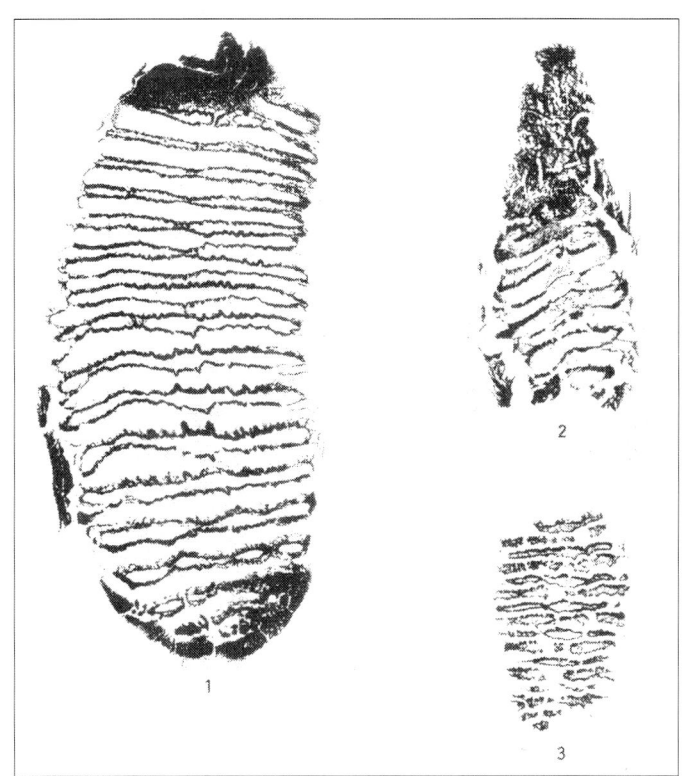

<도판21> <진맘모스 *Mammuthus primigenius Blumenbach*>

1. 오른쪽 아래 제3어금니(M_3)×1
2. 왼쪽 제4앞어금니(Dp_4)×1
3. 왼쪽 아래 제1어금니(M_1)×1

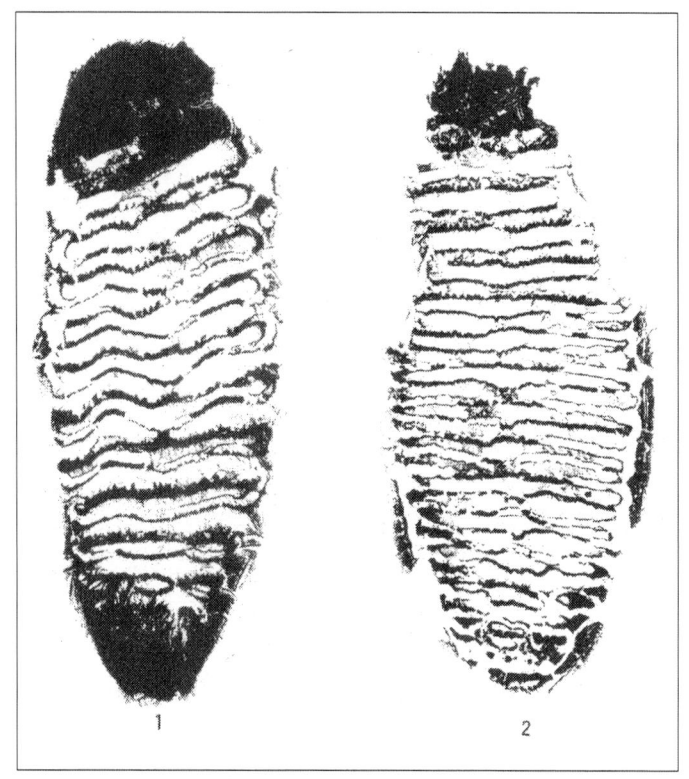

<도판22> <진맘모스 *Mammuthus primigenius Blumenbach*>

1. 왼쪽 아래 제2어금니(M_2)×1
2. 왼쪽 아래 제1어금니(M_1)×1

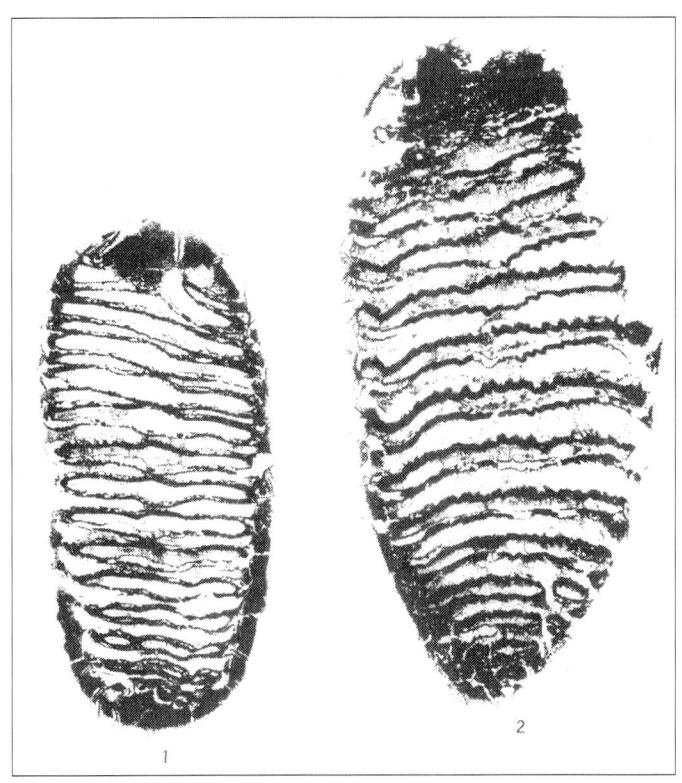

<도판23> <진맘모스 *Mammuthus prmigenius Blumenbach*>

1. 왼쪽 아래 제1어금니(M₁)×1
2. 왼쪽 아래 제1어금니(M₁)×1

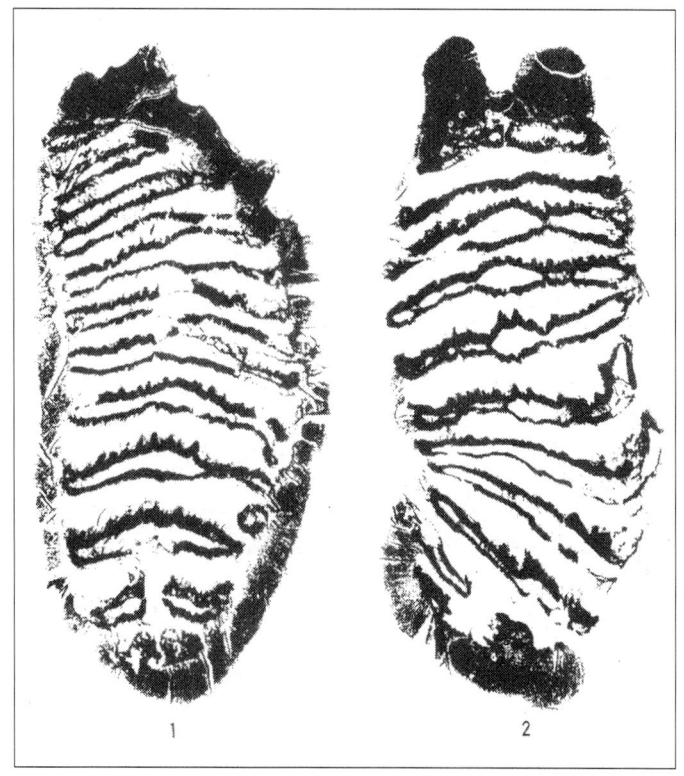

<도판24> <송화강 맘모스 *Mammuthus sungari Sp. nov*>

1. 왼쪽 아래 제4앞어금니(Dp_4)×1
2. 왼쪽 아래 제1어금니(M_1)×1

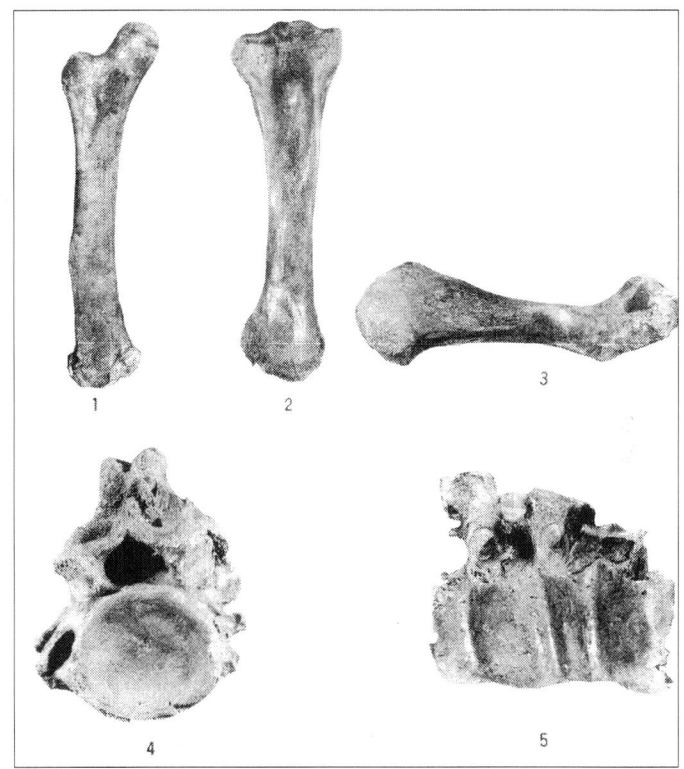

<도판25> <진맘모스 *Mammuthus prmigenius Blumenbach*>

1. 오른쪽 다리뼈, ×1/11, 앞측촬영
2. 왼쪽 정강이뼈, ×1/8, 앞측 촬영
3. 왼쪽 팔뚝뼈, ×1/10, 바깥측에서 촬영
4. 허리뼈, ×1/4, 뒷면에서 촬영
5. 꼬리뼈, ×1/5, 왼쪽에서 촬영

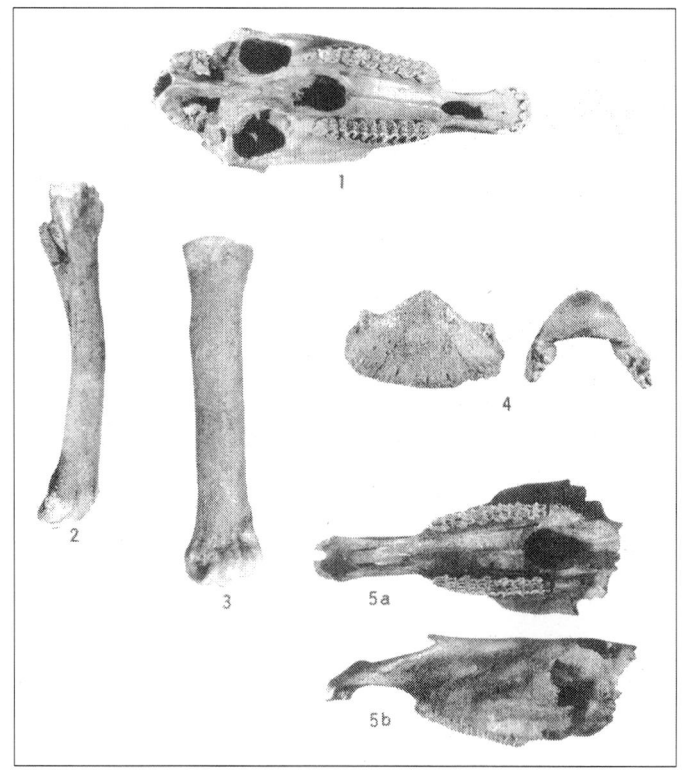

<도판26> <프리제발스키 말 *Equus przewalskii poliakoff*>

1. 두개골, ×1/5, 턱면에서 촬영
2. 왼쪽 요골, ×1/3, 앞측에서 촬영
3. 왼쪽 발바닥뼈, 1/3, 앞측에서 촬영
4. 말굽형뼈, ×1/2, 앞. 앞면 b. 뒷면
5. 조랑말 *Equus hemionus pallas* 두개골, ×1/4,
a. 턱면 촬영 d. 왼쪽에서 촬영

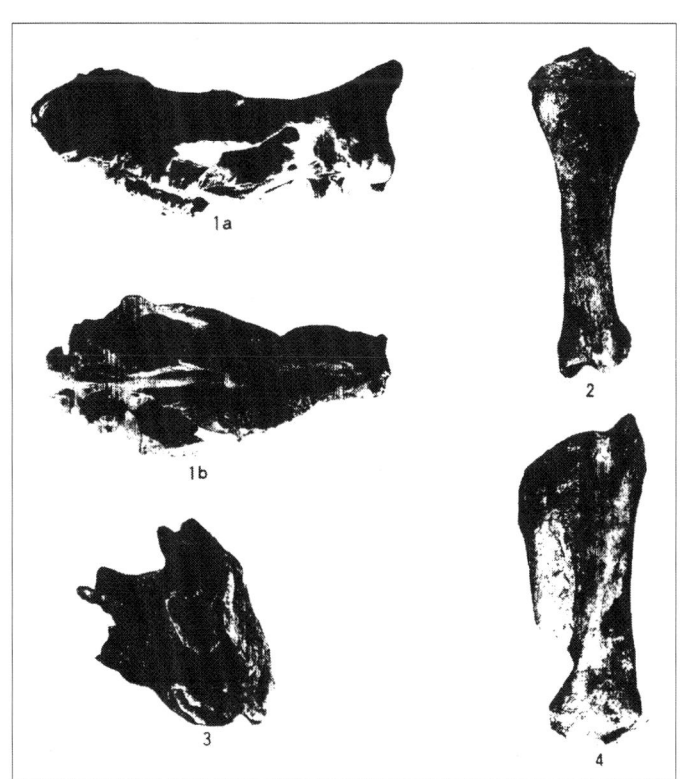

<도판27> <털코뿔소 *Coelodonta antiquitatis Blumenbach*>

1. 두개골, ×1/6, a. 좌측 b. 턱면
2. 오른쪽 정강이뼈, ×1/6, 앞측
3. 오른쪽 위 제3어금니(M^3), ×1/2, 치관면에서 촬영
4. 왼쪽 요골, 척골, ×1/4, 앞측

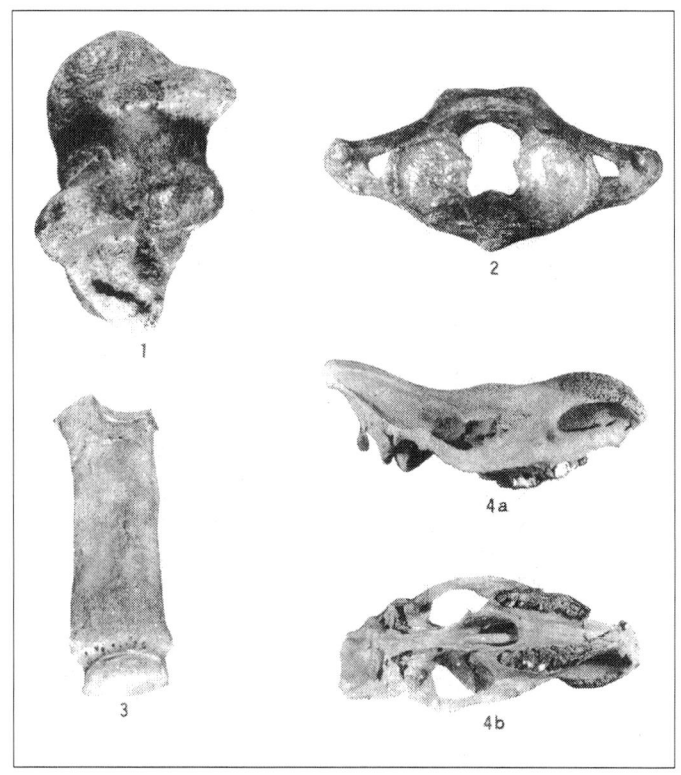

<도판28> <털코뿔소 *Coelodonta antiquitatis Blumenbach*>

1. 오른쪽 발뒤축뼈, ×1/2, 앞면
2. 환추(環椎), ×1/4, 뒷면
3. 제3손바닥뼈, ×1/2, 앞측
4. 길림털코뿔소 *Coelodonta antiquitatis Chilnensis Sub Sp.*
두개골, ×1/9, a. 오른쪽에서 촬영 b. 턱면에서 촬영

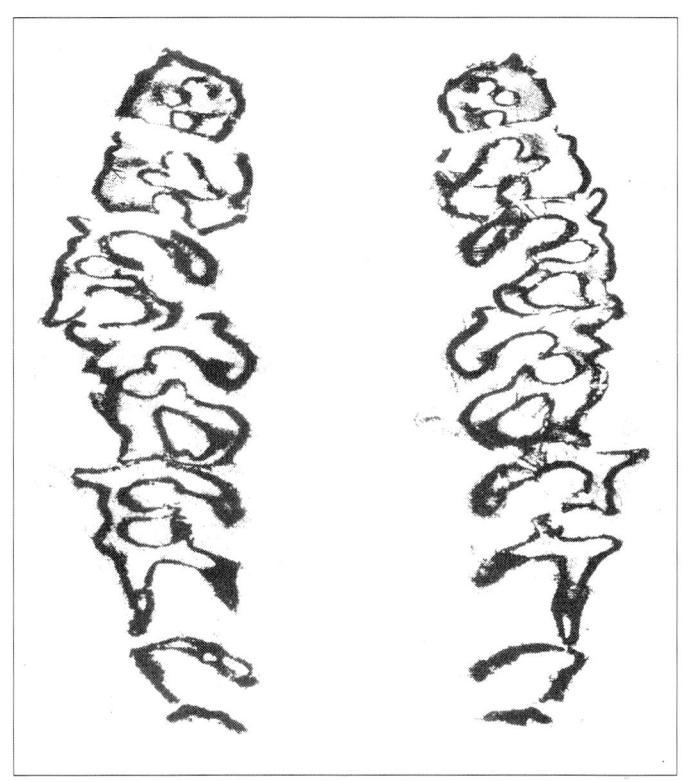

<도판29> <길림털코뿔소 *Coelodonta antquitatis Chilnensis Sub sp.*>

윗이빨 좌우 치열×1

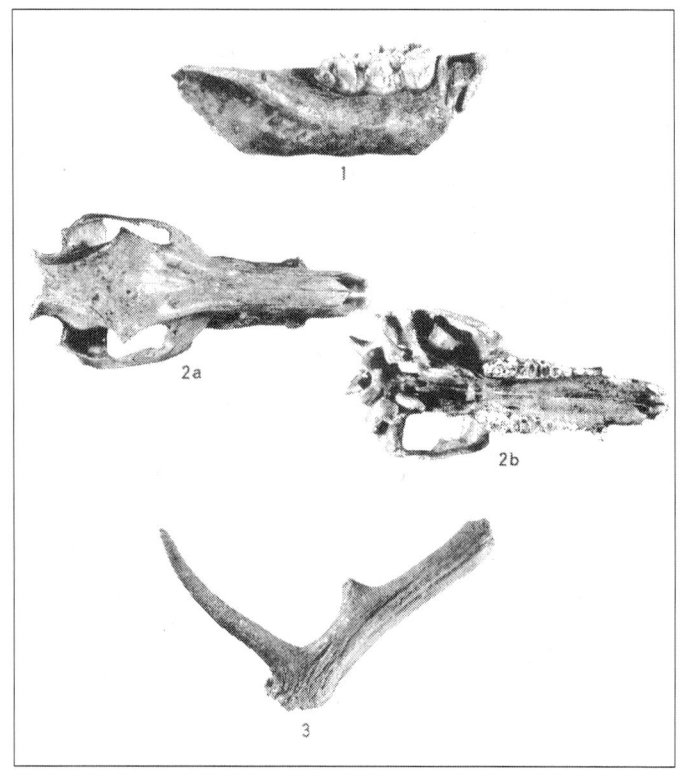

<도판30> <멧돼지 *Sus Scrofa Linnaeus*>

1. 오른쪽 아래턱에는 제3어금니(M₃), ×1, 입술면에서 촬영
2. 두개골, ×1/3, a. 위에서 촬영 b. 턱면에서 촬영
3. 말사슴 *Cervus xamthopygus Milne · Edwards*
   오른쪽 뿔, ×1/3, 오른쪽에서 촬영

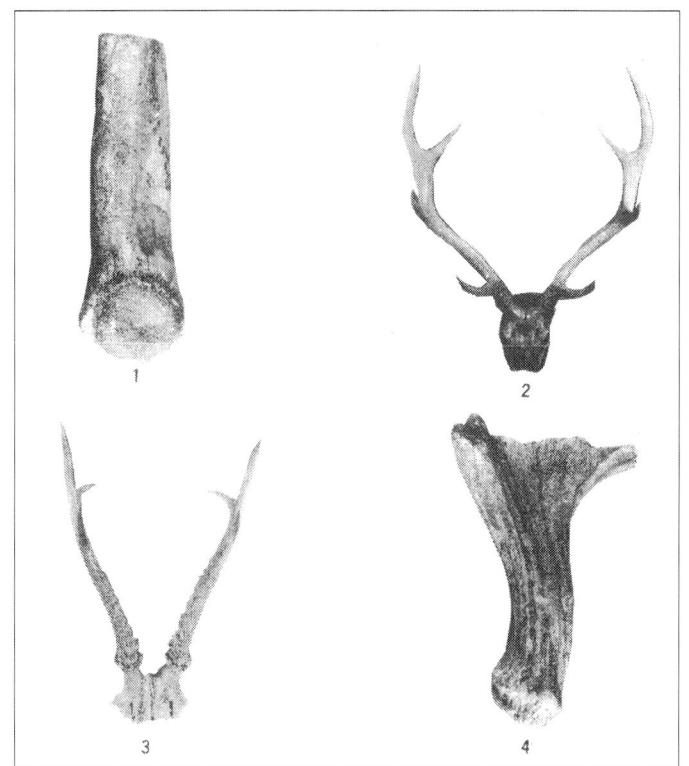

<도판31>
1. 오르도스 큰 뿔사슴 *Megaloceros ordosiarnus Young*
   오른쪽 뿔, ×1/2, 안측에서 촬영
2. 동북말사슴 *Cervus xamthopygus Milne · Edwards*
   두개골에는 좌·우 두 뿔이 부착, ×7/1, 앞측에서 촬영
3. 동북노루 *Caprehus manchuricus Noack*
   이마뼈에는 두 뿔이 부착, ×1/3, 앞측
4. 낙타사슴 *Alces alces Linnaeus*
   왼쪽 뿔, ×1/2, 오른쪽에서 촬영

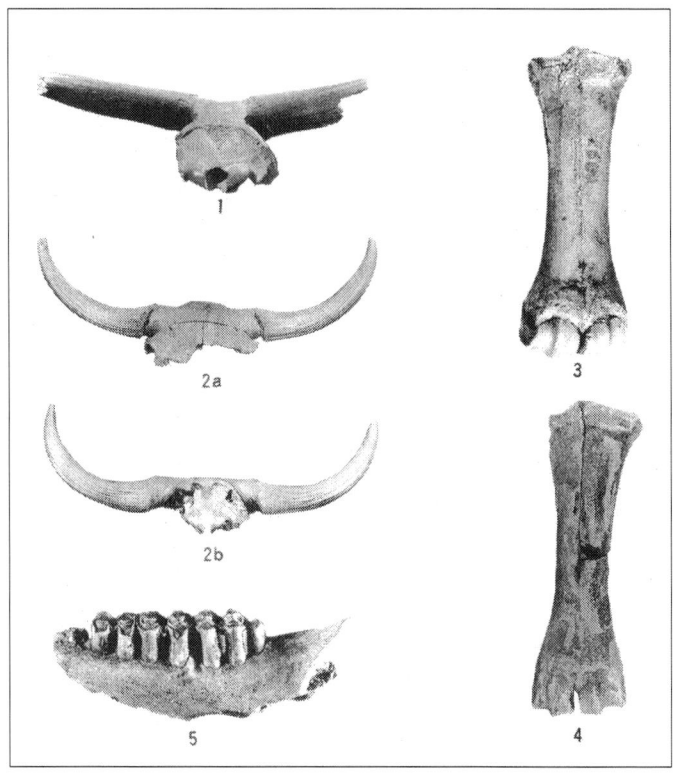

<도판32>

1. 완스죠키 물소 *Bubalus wansjocki Boule et Teilhard*
   두개골에는 좌·우 두 뿔 부착, ×1/4, 뒷면에서 촬영
2. 동북들소 전형아종 *Bison exiguus Skinner et Kaison*
   두개골, ×1/6, a. 정수리에서 촬영 b. 뒷면에서 촬영
3. 들소 Bison Sp. 오른쪽 손바닥뼈, ×1/2, 앞측에서 촬영
4. 들소 Bison Sp. 오른쪽 발바닥뼈, ×1/2, 앞측에서 촬영
5. 들소 Bison Sp. 좌아래턱에는 제1어금니에서 제3어금니
   (M1-M3)까지 부착, ×1/2, 혀면에서 촬영

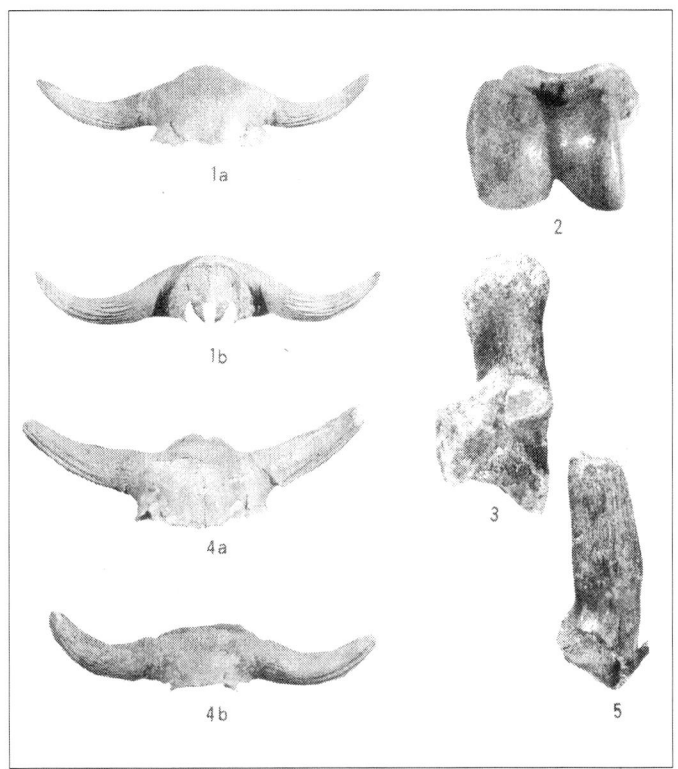

<도판33>

1. 동북들소 하르빈아종 *Bison exiguus harbinensis Skinner et Kaison*
   두개골, ×1/6, a. 정수리에서 촬영 b. 뒷면에서 촬영
2. 들소 *Bison Sp.* 오른쪽 복사뼈, ×1/2, 정수리면에서
3. 들소 *Bison Sp.* 오른쪽 복사뼈, ×1/2, 안쪽에서
4. 동북들소 휘인뿔 아종 *Bison exiguus Curvicornis* Skinner *et Kaison*
   두개골, ×1/6, a. 정수리에서 b. 뒷면에서
5. 프리제발스키 영양 *Gazella przewalskii Buchner*
   왼쪽뿔, ×1, 안쪽에서

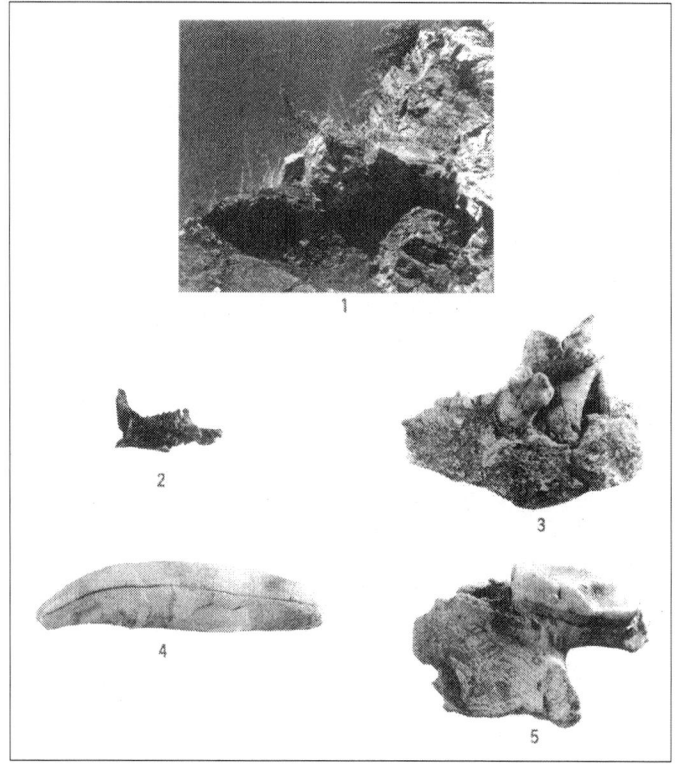

<도판34>

1. 안도(安圖)동굴 외경
2. 쥐토끼 *Ochctona Sp.*
   왼쪽 아래턱에는 제4앞이빨에서 제2어금니(P_4-M_2)까지 부착, ×1, 입술쪽에서
3. 호랑이 *Felis tigris Linnaeus*
   왼쪽 아래턱에는 제3앞이빨이 제1어금니(P_3-M_1), ×1, 입술쪽에서
4. 황곰 *Ursus arcto Linnaeus*
   왼쪽 아래 견치(C), ×1, 입술면에서
5. 황곰 *Ursus arcto Linnaeus*
   오른쪽 아래턱에는제2어금니(M2)부착, ×1, 입술쪽에서

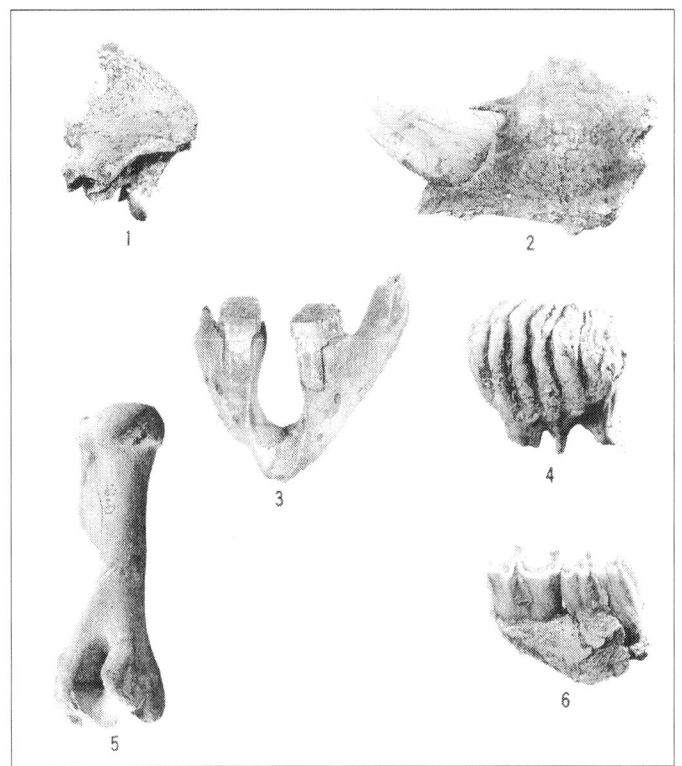

<도판35>

1. 최후 하이에나 *Crocuta ultima Matsumoto*
   파손된 두개골, ×1/3, 좌측에서
2. 최후 하이에나 *Crocuta ultima Matsumoto*
   파손된 오른쪽 위턱에는 견치(C) 1매 부착, ×1, 입술면에서
3. 진맘모스 *Mammuthus primigenius Blumenbach*
   아래턱에는 좌·우 제3어금니 부착(Dp3), ×1/3, 치관쪽에서
4. 진맘모스 *Mammuthus primigenius Blumenbach*
   오른쪽 제3어금니(Dp3), ×1, 혀쪽에서
5. 털코뿔소 *Coelodonta antiquitatis Blumenbach*
   왼쪽 팔뚝벼, ×1/3, 뒤쪽에서
6. 털코뿔소 *Coelodonta antiquitatis Blumenbach*
   왼쪽 아래턱 잔편에는 제2·3어금니(M2·M3) 부착, ×1/2, 입
   술면에서

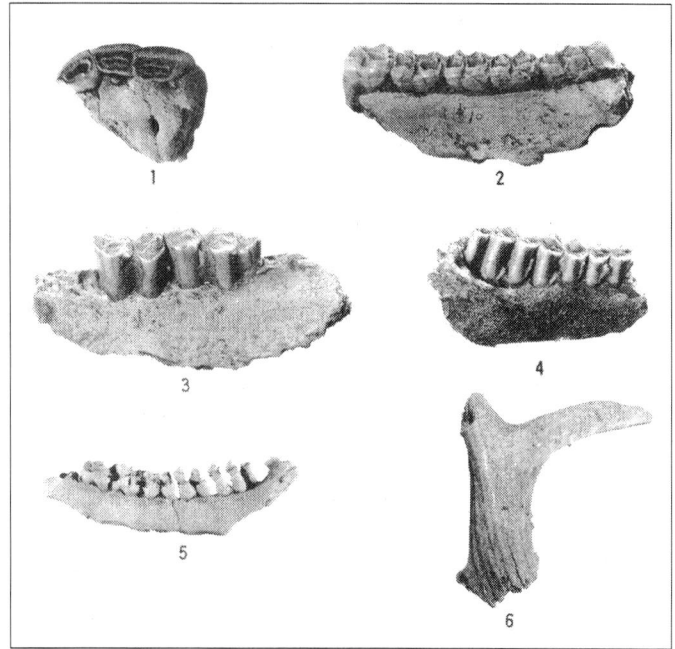

<도판36>

1. 프리제발스키 야생마 Equus przewalskii poliakof
   위턱잔편에는 제1앞이빨, 오른쪽 1·2앞이빨(I1. I1-I2)부착,
   ×1/2, 턱쪽에서
2. 프리제발스키 야생마 Equus przewalskii poilakof
   왼쪽 아래턱에는 제3어금니에서 제3어금니(P3-M3)까지
   부착, ×1/2, 입술면에서
3. 동북들소 Bison exiguus Matsumoto
   왼쪽 아래턱에는 제2·3앞어금니(M2-M3)부착, ×1, 입술면
   에서
4. 꽃사슴 Pseudaxis Sp.
   오른쪽 아래턱에는 제1·2·3의 어금니(M1-M3)부착, ×1,
   입술쪽에서
5. 낙타사슴 Alces alces Linnaeus
   죄아래턱에는 제2·3앞어금니와 제1·2·3어금니(P2-P3),
   부착, ×1/2, 입술면에서
6. 동북노루 Capreohus manchuricus Noack
   오른쪽 뿔, ×1, 바깥에서

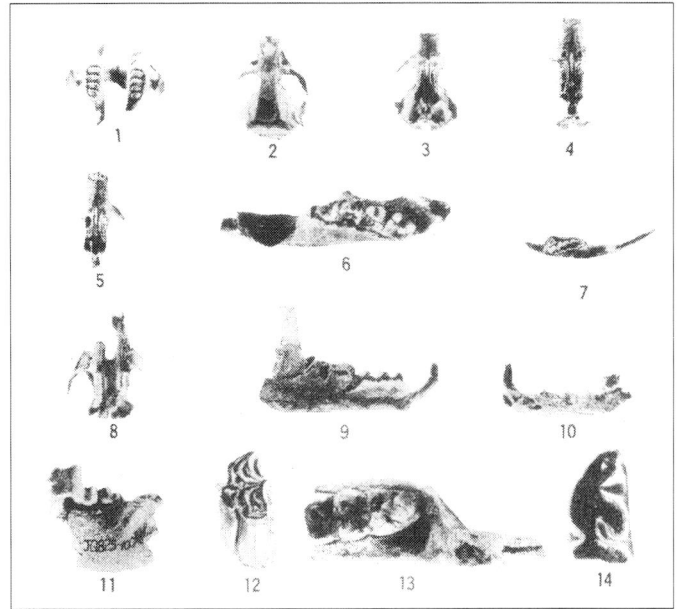

<도판37>

1. 몽고토끼 *Lepus tolai*
   위턱, ×1/2, 뒤쪽에서
2. 초원두더지 *Myospalax aspalax*
   두개골, ×1/2, 등면에서
3. 초원두더지 *Myospalax aspalax*
   두개골, ×1/2, 배면에서
4. 동북두더지 *Myospalax psilurus*
   두개골, ×1/2, 배면에서
5. 아르만 두더지 *Myospalax armandi*
   두개골, ×1/2, 배면에서
6. 초원 마르모트 *Mardenta bodac*
   오른쪽 아래턱 볼쪽 이빨, ×1/3,
   치관면에서
7. 뛰는쥐 *Allactaga sibrica*
   왼쪽 아래턱에 볼쪽 이빨 부착,
   ×1/3, 치관면에서
8. 큰창고쥐 *Cricetulua trion*
   왼쪽 아래턱, ×1/2, 바깥에서

9. 너구리 *Myctereutes procynides*
   왼쪽 아래턱, ×1/2, 바깥에서
10. 여우 *Vulpes Sp.*
    왼쪽 아래턱, ×1/2,×바깥에서
11. 이리 *Canis lupus*
    왼쪽 아래턱, ×1/2, 안쪽에서
12. 프리제발스키 야생마
    Equus przewalskii
    왼쪽 아래턱에는
    제3어금니(M3)
    부착, ×1/2, 치관에서
13. 멧돼지 *Sus scrofa*
    오른쪽 아래턱에는
    제3어금니(M$_3$)
    부착, ×1/2, 치관에서
14. 털코뿔소 *Coelodonta*
    antiqutatis
    왼쪽 아래 제3어금니(Dp3),
    ×1/2, 치관에서

<도판38>

1. 대포소 화석 산지 지형
2. 털코뿔소 *Coelodonta antiquitatis Blumenbach*
   일구 완정된 골가, ×1/30, 오른쪽에서
3. 호랑이 *Felis tigris Linnaeus*
   좌아래턱에는 제4어금니(P_4)가 부착, ×2/3, 혀측에서
4. 프리제발스키 야생마 *Equus przewalskii poliakof*
   오른쪽 아래턱뼈에는 제2·3앞어금니와 제1·2·3어금니
   (P_2-P_3) ×1/2, 혀측에서

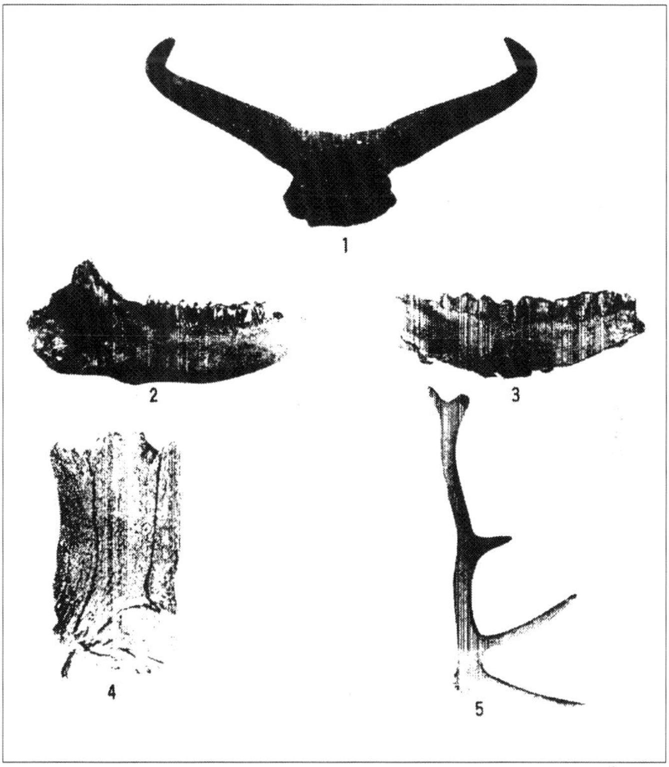

<도판39>

1. 옛소 *Bos primigenius Bojanus*
   두개골, ×1/2, 뒤쪽에서
2. 옛소 *Bos primigenius Bojanus*
   오른쪽 아래턱에는 제1·2·3 앞어금니와 제1·2·3어금니
   (P_1–M_3)이 부착, ×1/3, 입술면에서
3. 동북들소 *Bison exiguus Matsmoto*
   오른쪽 아래턱에는 제1·2·3앞어금니와 제1·2·3어금니
   (P_1–M_3)부착, ×1/2, 혀쪽에서
4. 오르도스 큰 뿔사슴 *Megaceros ordosianus Young*
   오른쪽 뿔의 미지(眉枝), ×1/4, 바깥에서
5. 말사슴 *Cervus xamthopygus Milne · Edwards*
   왼쪽뿔, ×1/7, 바깥에서

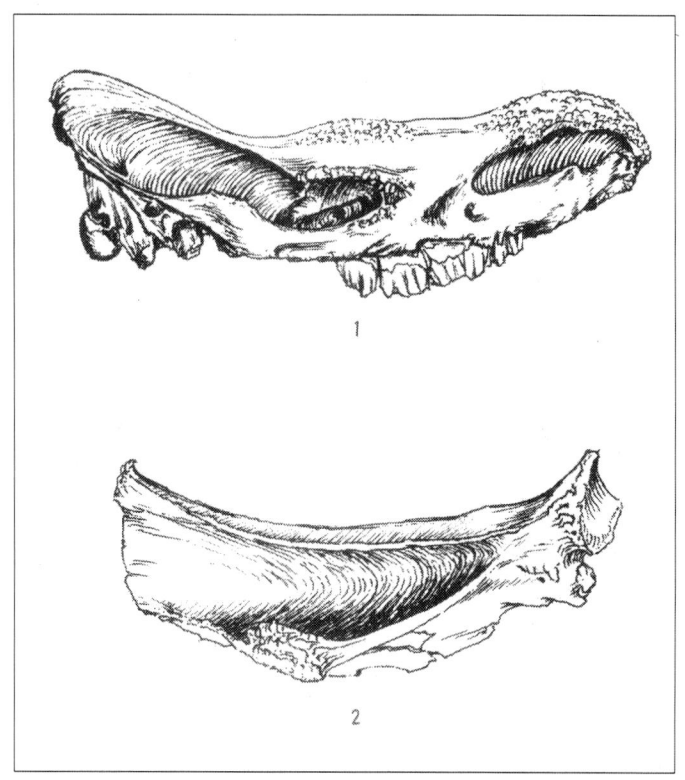

<도판40> <부여 털코뿔소 *Coelodonta antiquitatis Blumenbach*>

1. 두개골, ×1/5, 오른쪽에서
2. 오른쪽 견갑골, ×1/5, 바깥에서

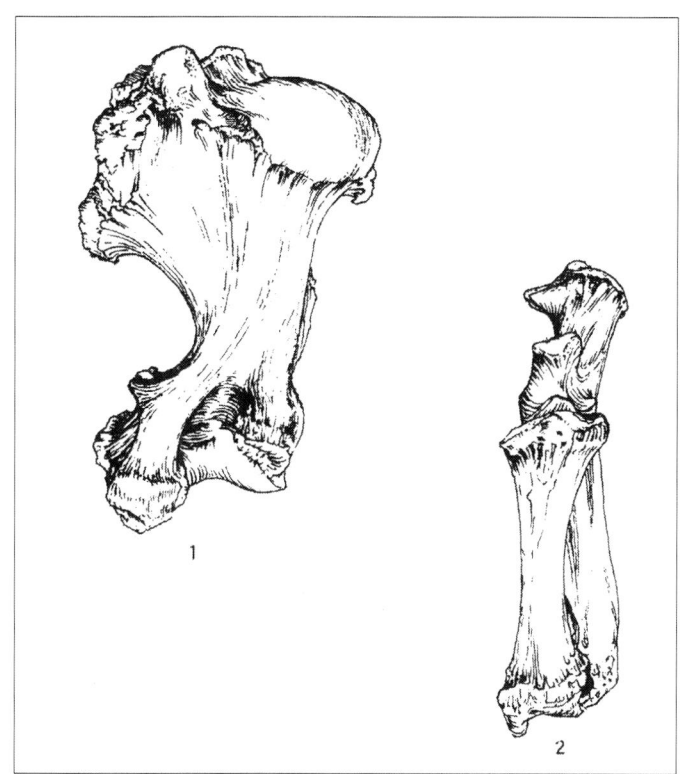

<도판41> <부여 털코뿔소 *Coelodonta antiquitatis Blumenbach*>

1. 오른쪽 팔뚝, ×1/3, 전면에서
2. 오른쪽 척(尺)・요골(橈骨), ×1/4, 전면에서

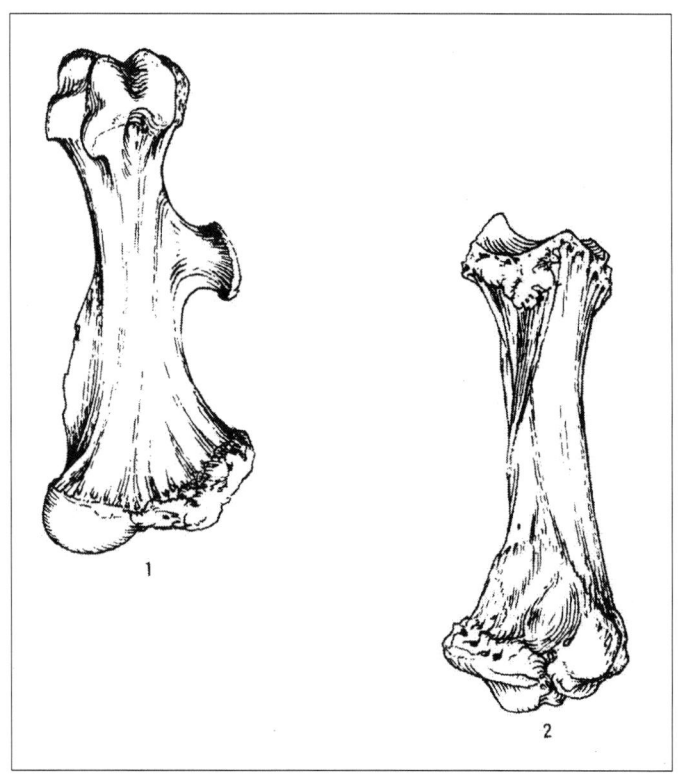

<도판42> <부여 털코뿔소 *Coelodonta antiquitatis Blumenbach*>

1. 오른쪽 팔뚝뼈, ×1/4, 전면에서
2. 오른쪽 정강이뼈, ×1/4, 전면에서

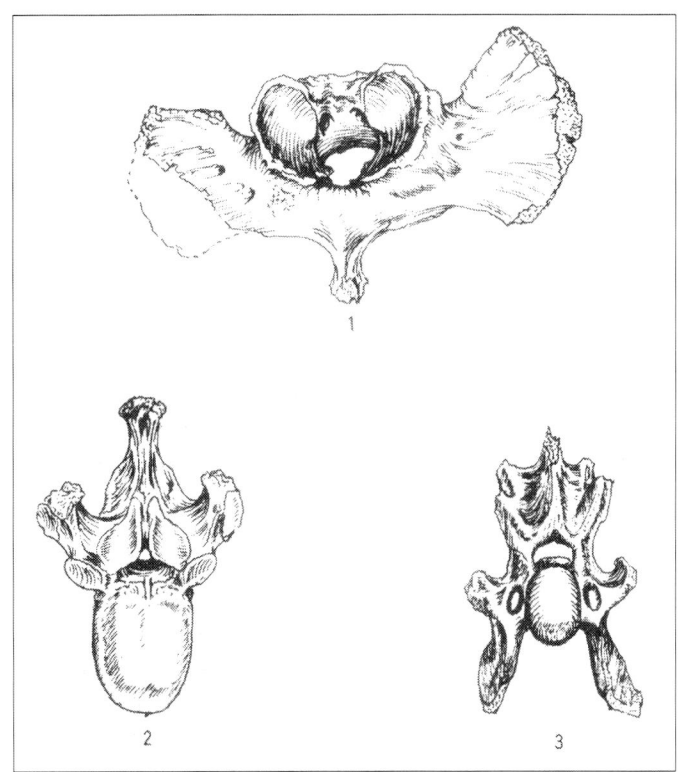

<도판43> <부여 털코뿔소 *Coelodonta antiquitatis Blumenbach*>

1. 환추(寰椎), ×1/3, 전면에서
2. 가슴뼈, ×1/3, 뒷면에서
3. 목뼈, ×1/3, 뒷면에서

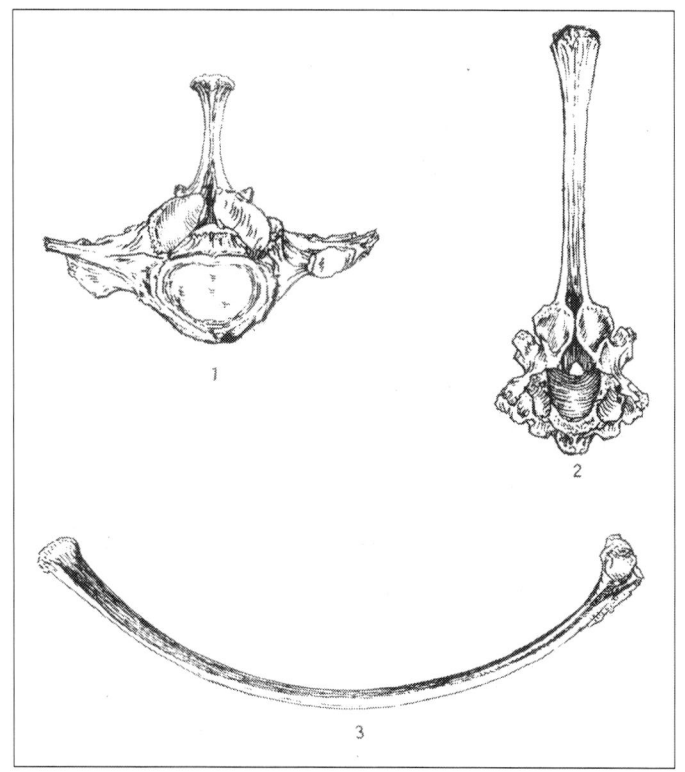

<도판44> <부여 털코뿔소 *Coelodonta antiquitatis Blumenbach*>

1. 腰椎后面貌, ×1/2
2. 가슴뼈, ×1/4, 전면에서
3. 오른쪽 갈비뼈, ×1/3, 뒷면에서

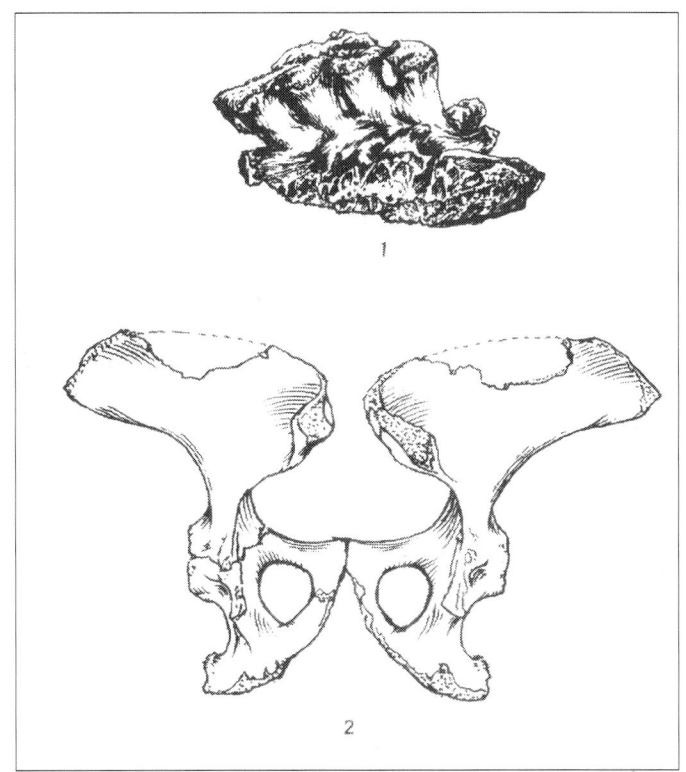

<도판45> <부여 털코뿔소 *Coelodonta antiquitatis Blumenbach*>

1. 천추, ×1/3, 바깥에서
2. 허리뼈, ×1/5, 뒷면에서

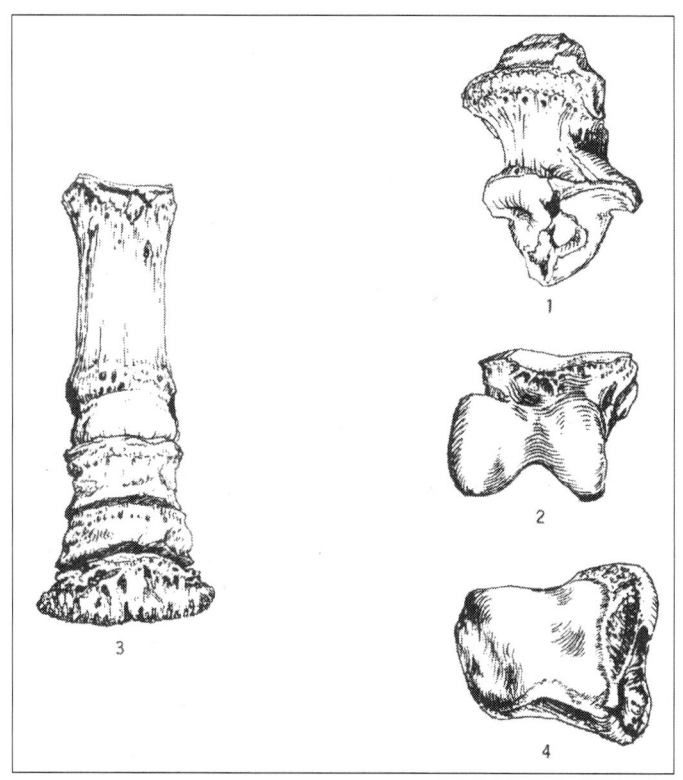

<도판46> <부여 털코뿔소 *Coelodonta antiquitatis*>

1. 오른쪽 발뒤축뼈, ×1/2, 앞쪽에서
2. 오른쪽 복사뼈, ×1/2, 앞쪽에서
3. 손바닥뼈, 발가락뼈, 발굽뼈, ×1/2, 앞쪽에서
4. 오른쪽 종지뼈, ×1/2, 뒤쪽에서

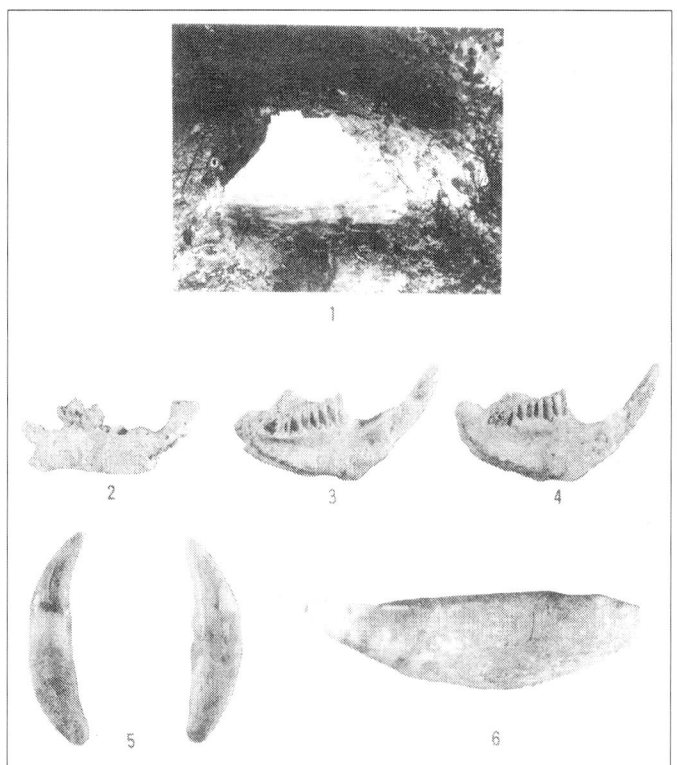

<도판47>

1. 집안 대로 선인동(大路 仙人洞) 동굴
2. 보통 고슴도치 *Erinaceidae europaeus Linnaeus*
   파손된 오른쪽 아래턱에는 제2어금니(M_2) 부착, ×2, 혀측에서
3. 동북두더지 *Myospalax cf. psilulus Miliae-Edwards*
   왼쪽 아래턱에는 앞이빨, 제1·2·3어금니(I. M_1-M_3) 부착 ×2, 혀측에서
4. 동북두더지 *Myospalax cf. psilulus Miliae-Edwards*
   왼쪽 아래턱에는 앞이빨, 제1·2·3어금니(I. M_1-M_3) 부착 ×2, 혀측에서
5. 이리 *Canis lupus Linnaeus*
   견치(C), ×1, 바깥에서
6. 곰 *Ursus Sp.*
   아래 견치(C), ×1, 안쪽에서

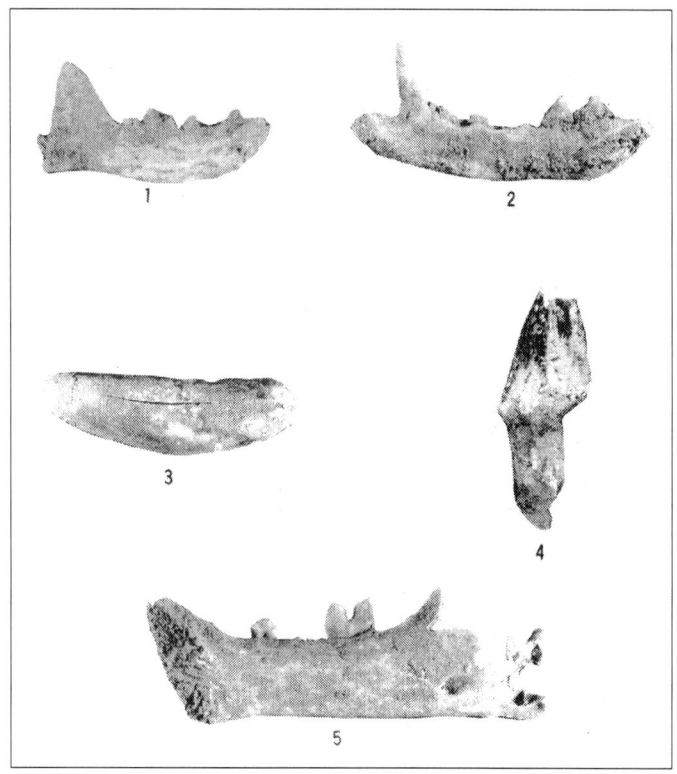

<도판48>

1. 족제비 *Mustela Sp.*
   오른쪽 아래턱에는 제3앞어금니, 제1어금니(P_3, M_1) 부착, ×1, 혀측에서
2. 족제비 *Mustela Sp.*
   왼쪽 아래턱에는 제1·2앞어금니(P_1, P_2) 부착, ×2, 혀측에서
3. 최후 하이에나 *Crocuta ultima Matsumoto*
   아래 제2앞어금니(P_2), ×1, 혀측에서
5. 호랑이 *Felis tigris Linnaeus*
   오른쪽 아래턱에는 제2앞어금니와 제1어금니(P_2, M_1)부착, ×1/2혀측에서

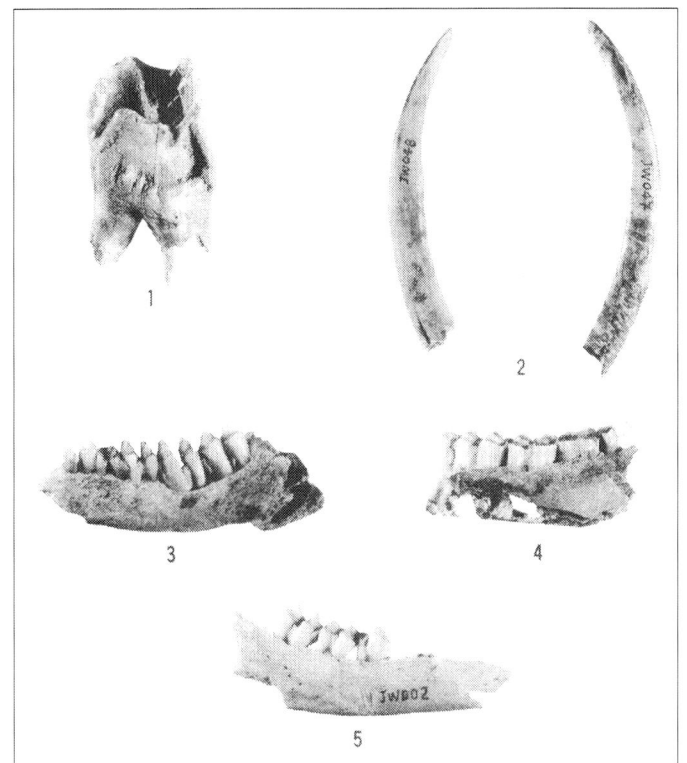

<도판49>

1. 털코뿔소 *Coelodonta antiquitatis Blumenbach*
   위 제2앞어금니(P^2), ×1, 입술면에서
2. 사향노루 *Moschinae moschiferus Young*
   견치(C), ×1, 입술면에서
3. 사향노루 *Moschinae mischiferus Young*
   왼쪽 아래턱에는 제2·3앞어금니와 제1·2어금니(P_2-M_2)부 착,
   ×1, 입술면에서
4. 사향노루 *Moschinae moschiferus Young*
   오른쪽 아래턱에는 제3앞어금니와 1·2·3어금니 (P_3-M_3) 부
   착, ×1/2, 혀측에서
5. 오르도스 큰뿔사슴 *Megalaceros ordosianus Young*
   왼쪽 위턱에는 제2·3·4앞어금니(P^2-P^4) 부착, ×1, 입술면
   에서

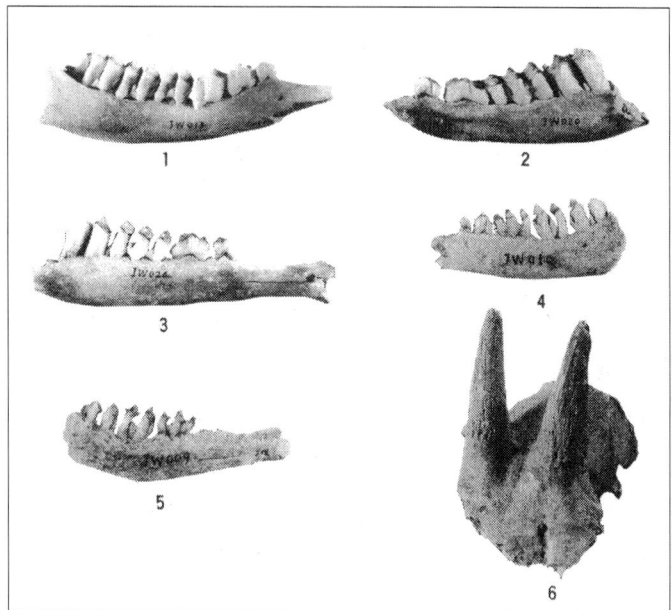

<도판50>

1. 북경 꽃사슴 *Cervus hortulorum Swinhoe*
   오른쪽 아래턱에는 제2·3·4앞어금니와 제1·2·3어금니
   (P_2-M_3)부착, ×1, 혀측에서
 2. 북경 꽃사슴 *Cervus hortulorum Swinhoe*
   왼쪽 아래턱에는 제2·3·4앞어금니와 제1어금니(P_2-M_1)부착,
   ×1, 혀측에서
3. 북경 꽃사슴 *Cervus hortulorum Swinhoe*
   오르쪽 아래턱에는 제1·2·3·4앞어금니(P_1-p_4) 부착,
   ×1, 혀측에서
4. 동북노루 *Capreolus manhuricus Noack*
   오른쪽 아래턱에는 제3·4앞어금니와 제1어금니(P_3-M_1) 부착, ×1,
   혀측에서
5. 동북노루 *Capreolus manhuricus Noack*
   왼쪽 아래턱에는 제2·3·4앞어금니와 제1·2어금니(P_2-M_2) 부착,
   ×1, 혀측에서
6. 청양 *Naemorhedus goral Hardwicke*
   두개골에 두뿔이 부착×1/2, 앞쪽에서

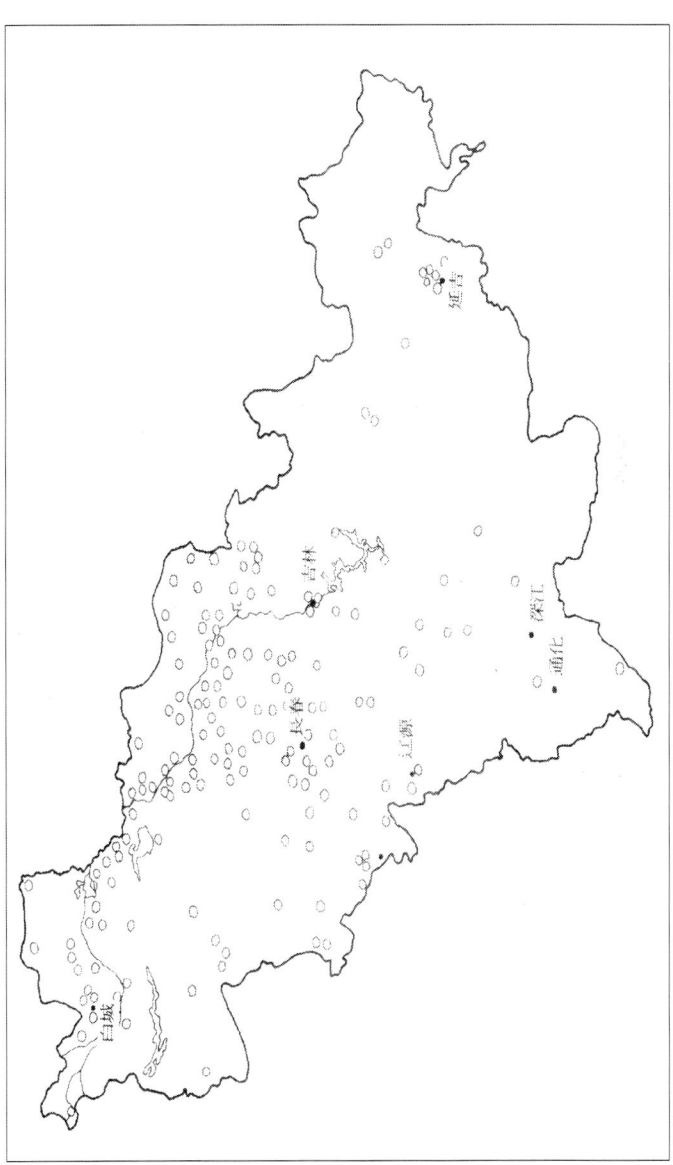

<도1> <길림후기홍적세 포유동물 분포도>

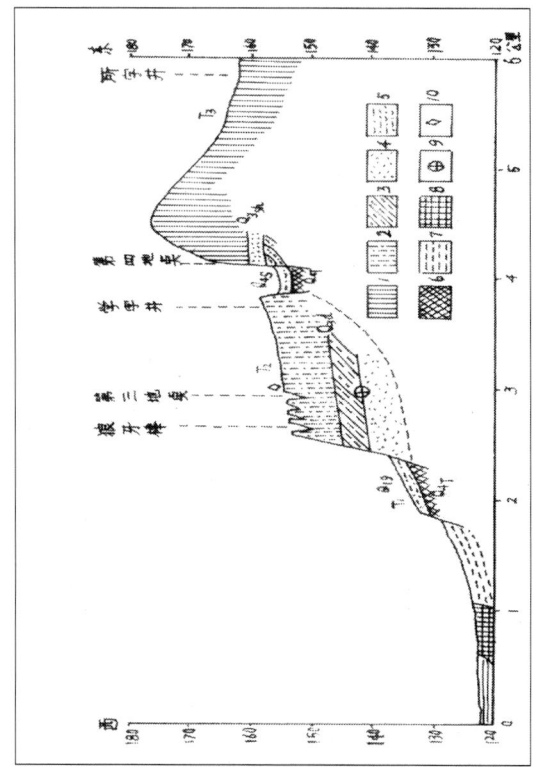

<도 2> 대포소 포자동 동안(東岸)지질 단면

1. 황토 2. 황토상 아모래 3. 아점토 4. 모래
5. 전신세 5. 전신세 상부 아모래 6. 검은 흙
7. 근대 홍적 아모래 8. 초탄(草炭) 9. 주요화
석 층위 10. 요금(遼金)문화 유적. Q_{3d} 후기 홍적
세 전기의 소자정조(所字井租), Q_{2d} 후기 홍적세
대포소조(大布蘇組). Q_4T 전신세 담도조(坦途組),
Q_{4g} 전신세 곽가점조(郭家店組).
T_1, T_2, T_3은 1·2·3급 대지

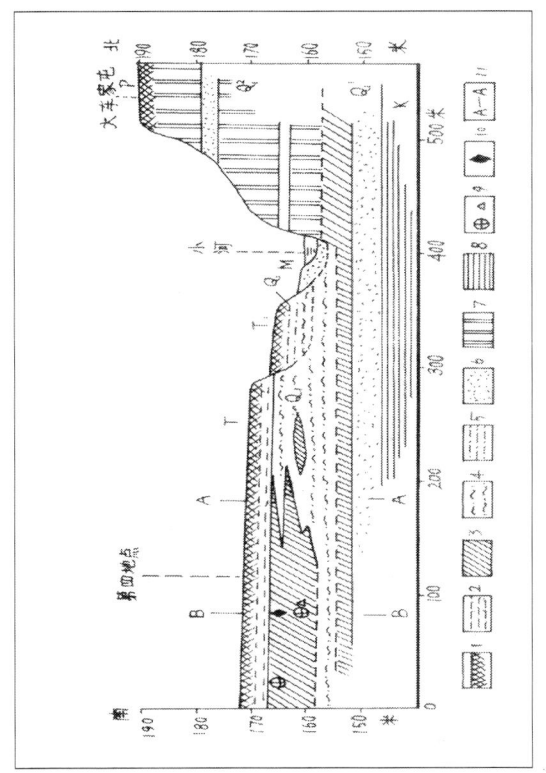

<도 3> <제4지점 단면도>

1. 검은 흙 2. 아점토 3. 점토 4. 진흙질 모래 5. 아
모래 6. 모래 7. 황토 8. 실토 9. 화석과 문화 유
물 10. C14년대 11. 실측단면: K 백악계: Q₂중기
홍적세 전기
Q₃g 후기 홍적세 고향둔조(顯鄕屯組), Q₃g 후기 홍적
세 군력조(群力組). Q₄ 전신세: M 하만탄(河漫灘);
T₁ 1급 계지; T₂ 2급계지; P황토 대지(지하 부분적
으로 드릴로 굴착 조사)

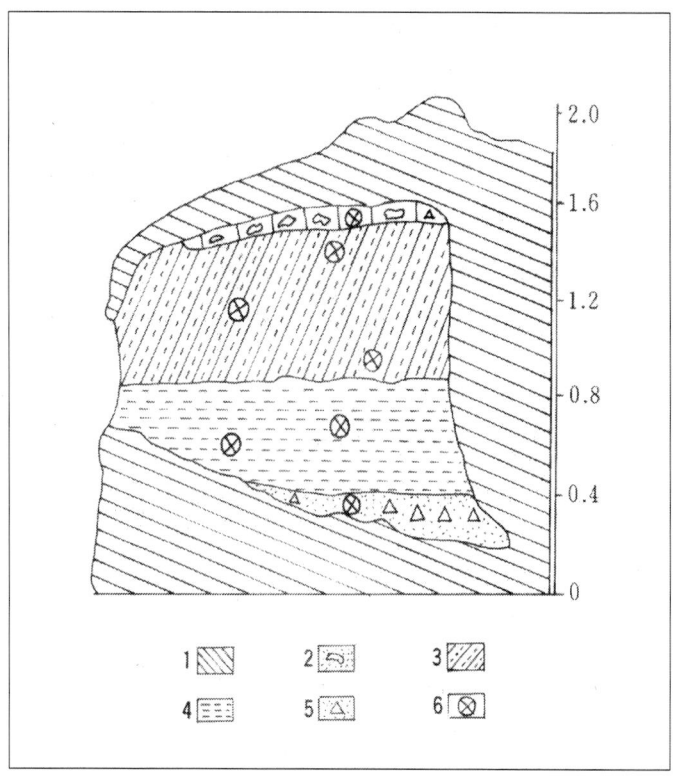

<도 4> 안도 명월구(安圖 明月溝)동굴 퇴적 단면

1. 석회암
2. 황회색층으로 자갈·모래 섞임
3. 회황색 아모래
4. 종황색 아점토
5. 종록색층, 자갈에 쇄석·모래 섞임
6. 척추동물화석

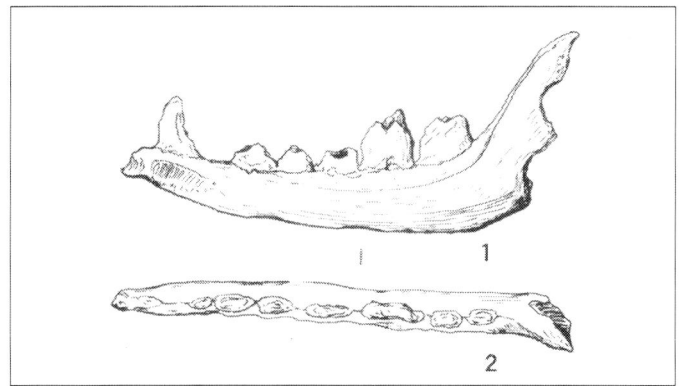

<도 5> <이리 Canis lupus Linnaeus>

왼쪽 아래의 1. 죄측×약1/2
　　　　　 2. 씹는면×약1/2

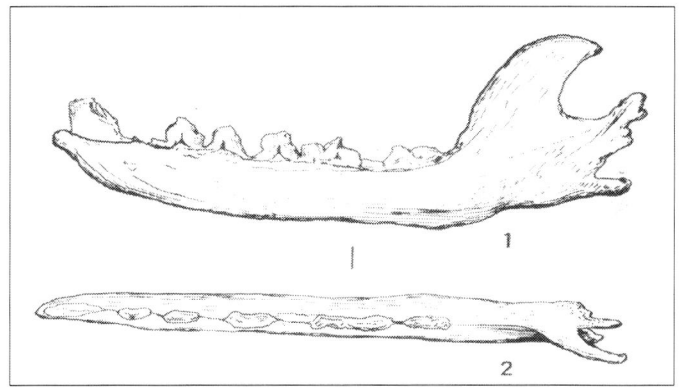

<도 6> <북방여우 *Vulpes vulpes cf.tchiliensis Matchie*>

오른쪽 아래턱 1. 혀측×약1/2
　　　　　　 2. 씹는면 ×약1/2

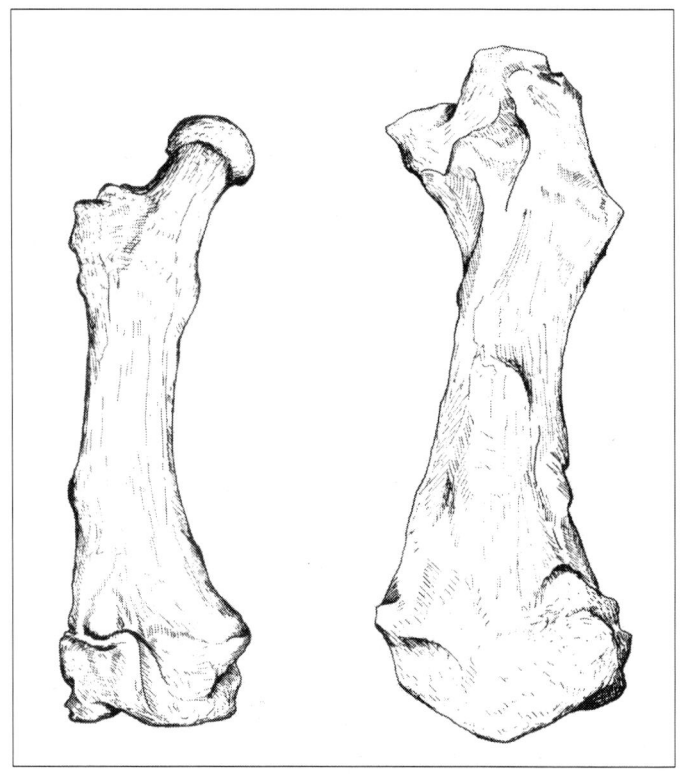

<도 7>   <도 8>

<짐맘모스   <진맘모스
Mammuthus primigenius   *Mammuthus primigenius*
Blumenbach 다리뼈 전면, 1/6>   *Blumenbach* 팔뚝뼈 전면, ×1/4>

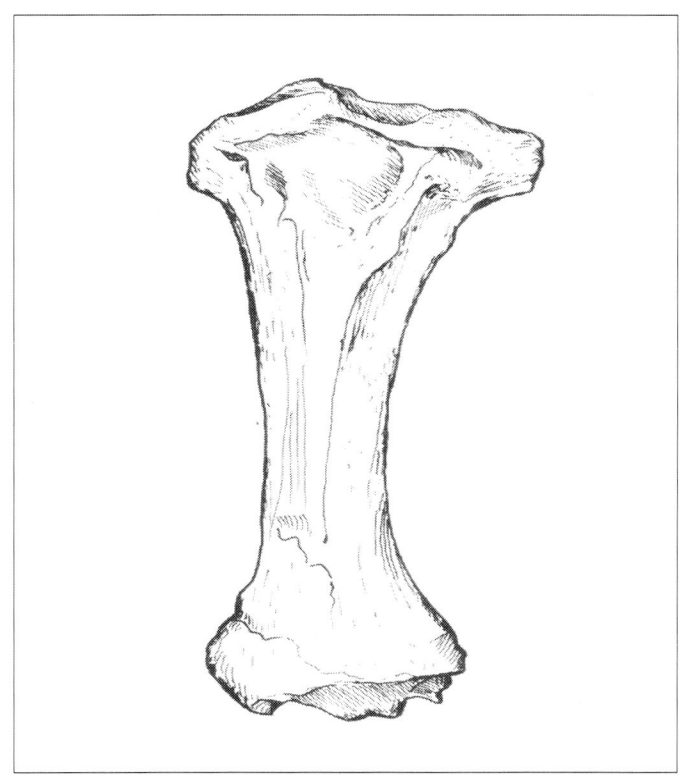

<도 9> <진맘모스 *Mammuthus primigenius*>

Blumenbach 종아리뼈 전면, ×1/6>

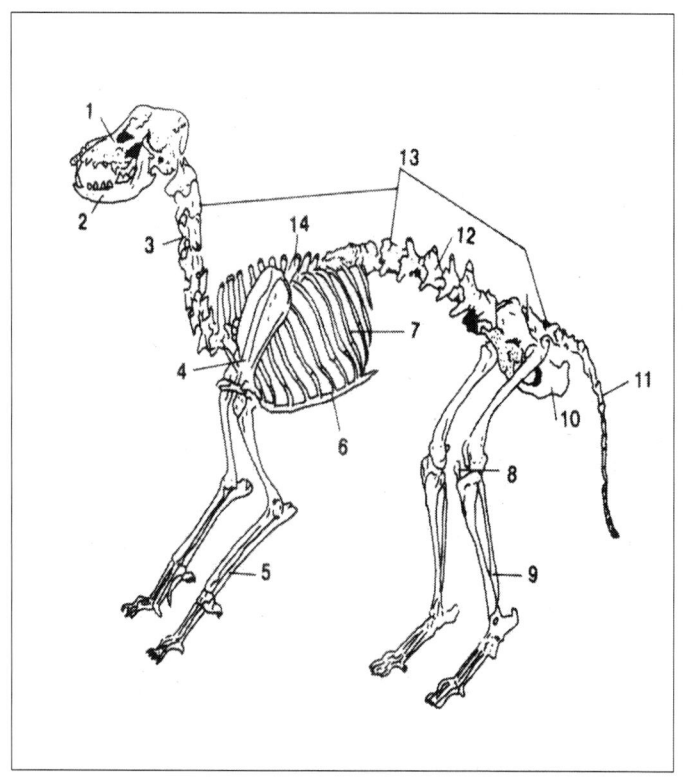

<참고 1> <개의 전체골격>

1. 두개골 2. 아래턱 3. 목뼈 4. 견갑골 5. 앞다리뼈 6. 가슴뼈
7. 갈비뼈 8. 슬개골 9. 뒷다리뼈 10. 허리받침뼈 11. 꼬리뼈
12. 허리뼈천골 13. 척추뼈 14. 가슴등뼈

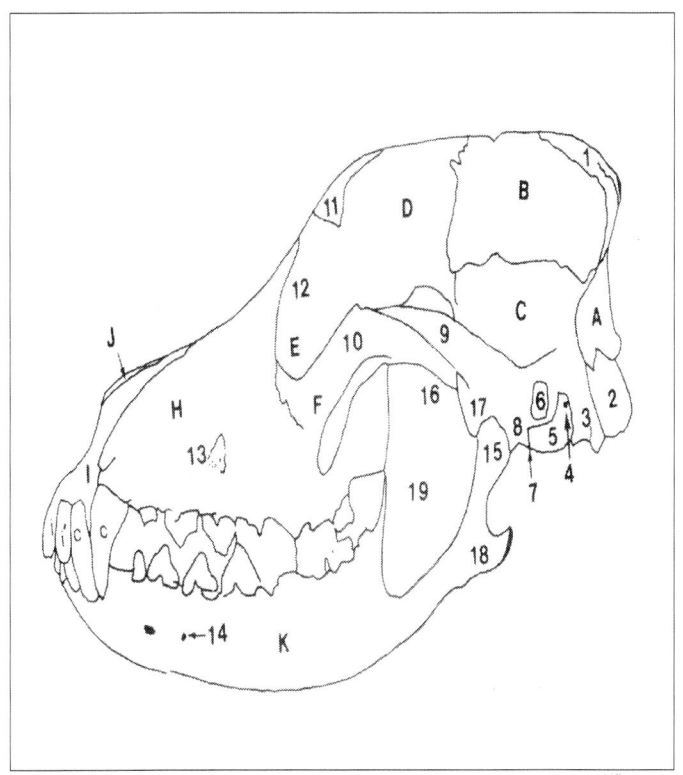

<참고 2> <개의 머리뼈 바깥면>

A. 뒷머리뼈 B. 정수리뼈 C. 노정골 D. 이마뼈 F. 관자노리뼈 G. 잇몸수직부분 H. 위턱 I. 턱앞뼈 J. 코뼈 K. 아래턱 1. 이마능선 2. 뒤슬개뼈 3. 부유(副乳)돌기 4. 젖꼭지 4. 젖꼭지(莖乳)구멍 5. 고막뼈(鼓泡) 6. 바깥귀길(外耳道) 7. 귀밑의 외부뼈 8. 와후(窩后)돌기 9. 노정골돌기 10. 관자노리의 관자들기 11. 안광돌기(눈구멍) 12. 눈물구멍입구 13. 안광아래구멍 14. 턱구멍 15. 아래턱 슬개 16. 관상돌기 17. 아래턱 겉단면 18. 뿔돌기 19. 교지와(咬肢窩) i・i': 앞이빨(門齒) c : 견치(犬齒)

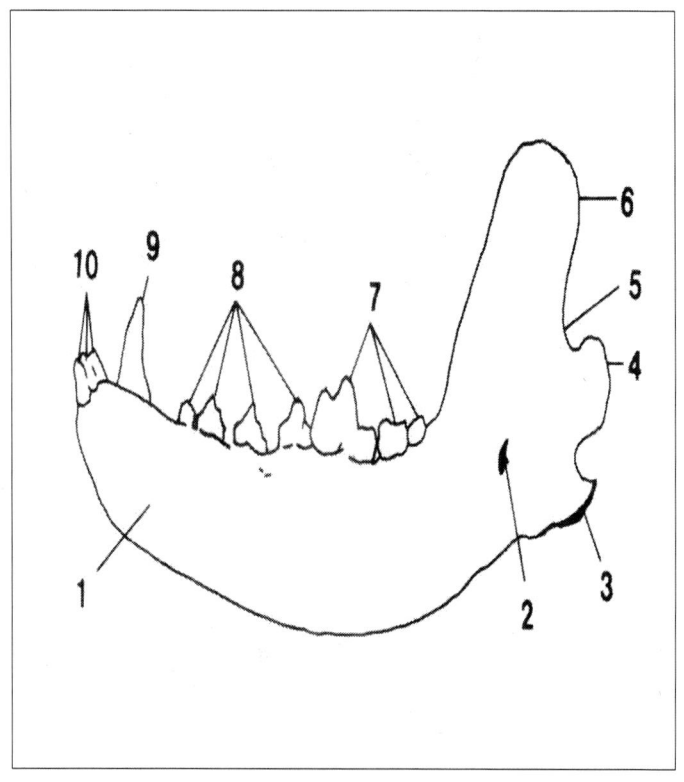

<참고 3> <개의 아래턱 오른쪽 내측도>

1. 연함면　2. 아래턱 구멍　3. 뿔돌기　4. 슬개뼈　5. 아래턱 절단면　6. 관상돌기　7. 어금니　8. 앞어금니　9. 견치(송곳 이)　10. 자르는 이빨

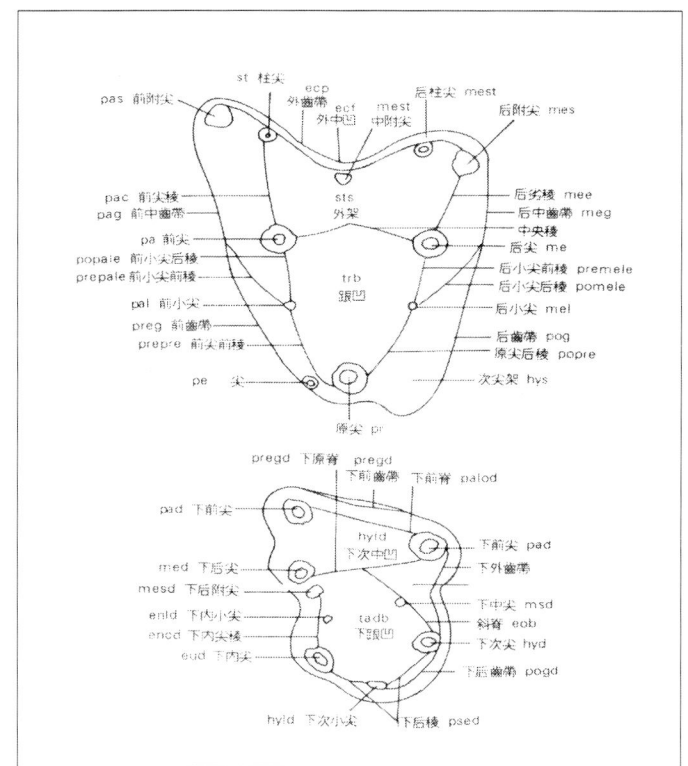

<참고 4> <원시 진수(眞獸) 어금니 구조 종합도>

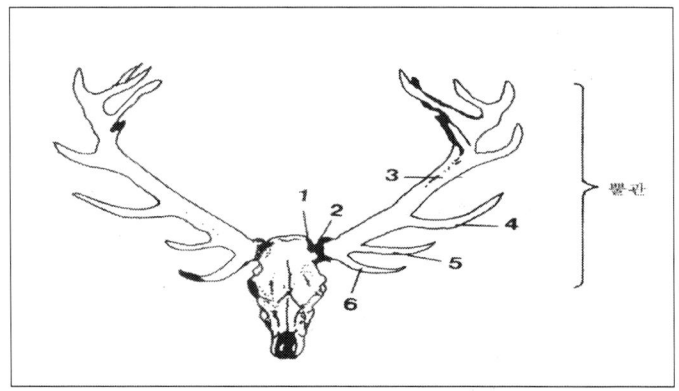

<참고 5> <사슴뿔각부명칭>

1. 뿔손잡이   2. 뿔마디   3. 핵심가지   4. 제3가지   5. 제2가지
6. 제1가지

◈저자◈

최무장(崔茂藏)   (현)건국대 사학과 교수(고고학 전공)
경희대학교 중문학과 졸업
대만대 대학원 고고인류학과(석사)
프랑스 파리 제1대 고고학 박사 역임
문화재관리국 상근전문위원, 건국대학교 박물관 관장
건국대학교 부교수 역임
건국대학교 박물관 관장, 한국고대학회 회장,
한국선사고고학연구소 소장.
• 저서 •
『중국의 고고학』, 『한국의 구석기문화(개정판)』, 『고구려 고고학』
『교양 고고학』, 『구석기시대』, 『문화와 환경』
『中國東北舊石器時代文化研究』외 다수

◗ 中國 吉林 後期 洪積世 哺乳 動物群

◈초판 인쇄	2004년 7월 26일
◈초판 발행	2004년 7월 31일
◈옮 긴 이	최무장
◈펴 낸 이	채종준
◈펴 낸 곳	한국학술정보㈜
	경기도 파주시 교하읍 문발리
	파주출판문화정보산업단지 538-2
	전화 031) 908-3181(대표)·팩스 031) 908-3189
	홈페이지 http://www.kstudy.com
	e-mail(e-Book사업부) ebook@kstudy.com
◈등 록	제일산-115호(2000. 6. 19)
◈가 격	8,000원

ISBN   89-534-1919-0 93920 (paper book)
          89-534-1920-4 98920 (e-book)